AUXILIA

Unterrichtshilfen für den Lateinlehrer

Karl Lahmer

Das Verhältnis von Natur und Mensch in Antike und Gegenwart

Voraussetzungen für den Lektüreunterricht

C. C. Buchners Verlag · Bamberg

AUXILIA
Unterrichtshilfen für den Lateinlehrer
Herausgegeben von Prof. Dr. Friedrich Maier,
Humboldt-Universität Berlin

Der vorliegende Band wurde bearbeitet von Mag. Dr. Karl Lahmer, Siezenheim b. Salzburg

ISBN 3 7661 **5434** 6

1. Auflage 1 3 2 1 1998 97 96 95 94
Die letzte Zahl bedeutet das Jahr dieses Druckes.

Gesamtherstellung:
Graph. Großbetrieb Friedrich Pustet, Regensburg

Für Johannes und David

Vorwort

Die sehr innovativen didaktischen Konzepte für das Fach Latein zeichnen sich u. a. dadurch aus, daß Modelle zur lebendigen Vermittlung lateinischer Texte zahlreich und in geistreicher Form angeboten werden. Dabei ist es unumgänglich, die lateinischen Texte zu aktualisieren bzw. ihre Aktualität zu verdeutlichen, um einen unmittelbaren Bezug zur lebensweltlichen Erfahrung der Schüler herzustellen.[1]
Die folgenden Ausführungen haben die Funktion, die Aktualität antiken Denkens bewußt zu machen bzw. einen Beitrag zur Aktualisierung verschiedener Denkansätze zu leisten, wobei primär die Antinomie von „Fremderfahrung und Identifikation, Distanz und Nähe“[2] unterrichtsnah thematisiert werden soll. Das didaktische Ziel ist es, methodische Vorgehensweisen vorzustellen, die vordergründige Identitätserlebnisse relativieren, die Antinomie von Distanz und Nähe zu einer optimalen Diskrepanz lenken. Unter optimaler Diskrepanz verstehe ich ein Lernen im Rahmen der angeführten Ambiguität von Nähe (zur lebensweltlichen Schülererfahrung) und Distanz (bezogen auf den zu behandelnden Stoff). Das methodische Konzept ist also so ausgerichtet, daß die pädagogischen Gefahrenmomente von „ahistorischer Verflachung und gegenwartsferner Unverbindlichkeit“[3] minimalisiert werden sollen.
Bei jeder intensiven Beschäftigung mit Texten ist der Leser

---

1 Vgl. MAIER, F.: Lebendige Vermittlung lateinischer Texte. – Bamberg 1988 (= Reihe Auxilia), 5ff.; vgl. auch MAIER, F.: Wie fremd ist uns die Antike? Zur Aktualität der Alten Sprachen. – Bamberg 1991.

2 Zur Problematik von vordergründigen Identitätserlebnissen vgl. MAIER, a.O. 10 (mit weiteren Literaturhinweisen).

3 Zur Begriffsprägung vgl. MAIER, a.O. 14.

gefordert, zunächst seine eigene Haltung zurückzustellen, um den Dialog mit dem Fremdartigen eingehen zu können; erst in einer zweiten Phase kann der Dialog zwischen der Auffassung des Rezipienten und dem Text in dreierlei Hinsicht reflektiert werden:

- die eigene Auffassung wird als geeignet bestärkt, das im Text Beschriebene wird problematisiert und schließlich als nicht relevant erkannt bzw. falsifiziert;
- die eigene Auffassung wird als ungeeignet problematisiert, das im Text Beschriebene wird als Denkanstoß akzeptiert;
- aufgrund der Lektüre wird die eigene Auffassung problematisiert, ohne jedoch im Text eine Alternative gefunden zu haben; was übrig bleibt ist eine Aporie, ein Problem oder Dilemma, mit dem sich der Leser weiter beschäftigen muß.

Die (sehr vereinfacht) beschriebene Interaktion zwischen Text und Leser trifft in besonderem Maß auf die Beschäftigung mit antiken Texten zu, weil durch die methodische Vorgehensweise des Übersetzens vor allem die Intensität der Auseinandersetzung mit dem Fremden vom Lehrer provoziert werden kann.

Wenn ich mir die Aufgabe gestellt habe, das Verhältnis von Natur und Mensch in Antike und Gegenwart vor allem durch Texte didaktisch anzuregen, so kann dies m. E. nur dann eine mögliche Erfahrungs- und Erkenntnisbereicherung beim Schüler bewirken, wenn die oben beschriebene Dialogstruktur im Unterricht angestrebt wird; das dialogische Prinzip beinhaltet zwei Lerngrundsätze:

- Der Vergleich von antiken und modernen Texten zwingt den Leser dazu, die verschiedenen Perspektiven zu reflektieren: der ursprüngliche Egozentrismus kann durch die zunehmende Fähigkeit, die Perspektive anderer nachzuvollziehen, überwunden werden;
- dadurch daß zu einem Themenkomplex mehrere Texte angeboten werden, sollen Gedanken in Form der Iteration

vertraut gemacht werden; durch Kontrasttexte soll das Vertraute wiederum neu überdacht werden.[4]

Da von den angebotenen Themen sicherlich nicht alle im Lateinunterricht behandelt werden, sondern auch Anregungen für fächerübergreifenden Gedankenaustausch mit fachfremden Kollegen geboten werden, sind die lateinischen Texte durch deutsche Übersetzungen zugänglich gemacht.

Alle angeführten Beispiele wurden im Unterricht besprochen (allerdings nicht als geschlossene Unterrichtseinheit) und bei Fortbildungsveranstaltungen mit Lateinlehrern diskutiert. Ich danke allen für die anregende Kritik, vor allem den Teilnehmern der Vorträge in Feldkirch (Vorarlberg, 1990) und Feldthurns (Südtirol, 1991), Herrn H. Grassl (Univ. Prof. in Salzburg) für diverse Literaturhinweise.

4 Es wurde darauf verzichtet, ein geschlossenes Unterrichtsmodell darzustellen. Einem geschlossenen Curriculum widerspricht thematisch betrachtet die Tatsache, daß aus heutiger Sicht jede Prognostik über komplexe Problembereiche und jeglicher Versuch einer Zukunftsdeterminierung – geleitet von der Ideologie *alles sei machbar* – aufgrund der Vernetztheit der Natur an der Realität scheitert; es ist daher pädagogisch verantwortbarer, von vornherein auf die Unmöglichkeit einer Problemlösung hinzuweisen als den Schein einer Lösung vorzugaukeln: das Bewußtsein, Probleme lösen zu sollen, es aber nicht zu können, schafft eher Frustration. Viel effektiver scheint es, Vorgehensweisen zu vermitteln, die neue Perspektiven für den Umgang mit Problemen anbieten.

1. Querverbindung und Kreativität

Für Latein und Griechisch ergibt sich aufgrund der Texte und der darin behandelten Themen von selbst eine reiche Fülle von Möglichkeiten, die Grenzen eines spezifischen Faches zu überschreiten. Querverbindung hat im schulischen Bereich formal die Funktion, darauf zu verweisen, daß in Deutsch, Englisch, Mathematik etc. ähnliche Stoffe behandelt werden; inhaltlich hat sie die Funktion, Wechselwirkungen zu ermöglichen: das eine bedingt das andere; das eine ist dem anderen strukturell ähnlich; das eine divergiert mit dem anderen.[1]

1.1 *Komplexität der Probleme*

Unbestritten scheint zu sein, daß die heutigen Probleme nicht fachspezifisch, sondern interdisziplinär behandelt werden müssen. So machen die Vernetztheit der ökologischen Probleme, die durch die Menschen geschaffenen Technologien etc. ein Problemlösen in der Zusammenarbeit verschiedener Fachbereiche erforderlich. Man verspricht sich von einer solchen Fächerkooperation, daß die damit verbundene Multiperspektivität neue Wege und Methoden der Problemlösung eröffnen könnte. In der Literatur liest man als Forderungen an den heutigen Menschen, im speziellen an die Jugendlichen, sie müßten mehr als bisher das Denken in Vernetzungen und Zusammenhängen lernen. Diese Forderungen werden in den wissenschaftlichen Publikationen durch Begriffe beschrieben wie: Systemisches Denken, Kybernetik und vernetztes Denken, die Dynamik der Regelkreissysteme, ganzheitliches Denken etc.[2]

---

1 Dem Abschnitt *Querverbindung – Kreativität* liegt folgender Aufsatz zugrunde: LAHMER, K.: Querverbindung und Kreativität. In: Anregung 4 (1991), 249ff.

2 Vgl. VESTER, F.: Neuland des Denkens. – München 1984 (= dtv 10220).

1.2 *Innovatives Lernen und Kreativität*[3]

Durch die Leistungen der Computer und der modernen Medien gerät das traditionelle Bildungssystem mehr und mehr in eine Krise: handwerkliche, mechanisierbare Fähigkeiten und Vermittlung von Wissen können Computer und moderne Medien sicher effektiver als die herkömmliche Schule leisten. Dazu stellt St. M. Gergely fest: „Gewiß, Mathematik besteht nicht allein aus Lösungen arithmetischer Aufgaben, Literatur ist weit mehr als Beherrschung der Rechtschreibung, Bildung insgesamt ist nicht gleichzusetzen mit handwerklichen, mechanisierbaren Fähigkeiten; aber eben weil in unserem Bildungswesen häufig die Vermittlung der letzteren im Vordergrund steht, wird es gerade durch die Leistungen der Computer in Frage gestellt."[4]

Das fächerübergreifende Unterrichtsprinzip ist also auch eine Antwort auf die neuen Technologien und damit ein Legitimierungsversuch gerade des Gymnasiums, in dem das Konzept einer Allgemeinbildung verfolgt wird. Die Legitimierung sieht in der Argumentation dann etwa so aus: Der Umgang mit den neuen Technologien erfordert innovative Fähigkeiten wie Prozeßdenken, Phantasie, Kreativität, Kapazität zur Assoziation etc. Genau diese Fähigkeiten sind wichtige Bildungsziele des Gymnasiums.

---

3 Zum Thema *Kreativität* aus naturwissenschaftlicher Sicht vgl. das sehr interessante Buch von Binnig, G.: Aus dem Nichts. Über die Kreativität von Natur und Mensch. – München 1989. Zu *innovatives Lernen* Häring, L.: Gymnasium heute – Analysen und Perspektiven, in: Anregung 1 (1986), 3ff.
Aus der Sicht der klassischen Philologie vgl. die sehr anregenden Ausführungen von Maier, F.: Lateinunterricht zwischen Tradition und Fortschritt 2: Zur Theorie des lateinischen Lektüreunterrichts. – Bamberg 1984, 51ff.

4 Gergely, St. M.: Die Krise im Bildungswesen, in: Denkanstoße 85. Ein Lesebuch aus Philosophie, Natur- und Humanwissenschaften. – München 1984 (= SP 371), 136. Zur Thematik aus der Sicht des klassischen Philologen vgl. Maier, F.: Technologische Herausforderung und Humanistische Bildung. Die Verantwortung des Menschen. – Bamberg [2]1987.
Zur Thematik allgemein: Häfner, K.: Die neue Bildungskrise. Herausforderung der Informationstechnik an Bildung und Ausbildung. – Basel 1982.

In der Industrie und Naturwissenschaft gibt es die wichtige Basiswissenschaft der Grundlagenforschung. Latein und Griechisch sollten im Gymnasium (neben anderen kulturwissenschaftlichen Fächern) die wichtige Funktion der Grundlagenbildung übernehmen.[5]

1.3 *Lernen als Schockprophylaxe*

Die Schule muß, um den mehrfachen Herausforderungen der heutigen Zeit gewachsen zu sein und damit ihre Intentionen erfüllen zu können (nämlich Schüler für ihr späteres Leben vorzubereiten), sich mehr um Denken in Vernetzungen (kybernetisches Denken) bemühen, weiters um den Bereich des sozialen und innovativen Lernens, des Lernens in Sinnbezügen. „Lernen, als Verbesserung der Fähigkeit verstanden, auf neue Situationen zu reagieren oder mit uns nicht vertrauten Ereignissen fertigzuwerden, erfordert ein umfangreiches Reservoir an Bezügen. Wenn die Sinnbezüge eingeschränkt werden, erhöht sich die Wahrscheinlichkeit, durch einen Schock zum Lernen gezwungen zu werden, denn der Schock läßt sich als plötzlich auftretendes Ereignis definieren, das außerhalb der uns bekannten Bezüge stattfindet.“[6] Innovatives Lernen hat demnach die Funktion einer Schockprophylaxe.

1.4 *Können Schüler systemisch denken lernen?*

Alle Euphorien und Hoffnungen, daß ein effektiver fächerübergreifender Unterricht die Ziele wie „Denken in Vernetzungen, ganzheitliches Denken“ etc. erreichen kann, erhalten unter Einbeziehung der Erkenntnisse der Biologie und Psychologie wesentliche Einschränkungen. Erreicht werden kann lediglich eine exemplarische Tendenz.

---

5 Die Forderungen zur Förderung der Kreativität sind in Anlehnung an BINNIG, a.O. 191ff. formuliert.

6 GERGELY, a.O. 139.

R. Riedl schreibt in Anlehnung an v. Hayek, „daß der menschliche Verstand nicht dazu geschaffen ist, komplexe Systeme zu verstehen; daß er nicht einmal diese Kultur planend geschaffen hat, sondern in sie nur hineingestolpert ist.“[7] Wir erleben dieses Phänomen der Begrenztheit menschlicher Erkenntnis z. B. immer dann, wenn wir eine Sache planen, z. B. eine Aktion für oder gegen etwas; wir können zwar vage abschätzen und versuchen zu prognostizieren, daß, wenn dieses oder jenes getan wird, dieses oder jenes geschehen wird; wir sind jedoch nicht in der Lage, alle Variablen und ihre wechselseitigen Beeinflußungen abzuschätzen. Gerade in demokratischen, dynamischen Konstellationen ist es unmöglich, alle Eventualitäten zu durchschauen, kaum in der nachfolgenden Analyse und Reflexion, schon gar nicht in der vorausgehenden Planung und Prognose (vgl. die Unsicherheit der Wirkung von Wahlpropaganda: *je dynamischer ein System, desto instabiler bzw. unberechenbarer ist es*). Dieses Faktum, daß der menschliche Verstand nur unzureichend imstande ist, komplexe Vorgänge oder Systeme zu durchschauen und zu verstehen, wird noch dadurch verschärft, daß auch die Lernfähigkeit diesbezüglich sehr ungewiß und unscharf zu fassen ist. Diese Fähigkeit wird derzeit von bedeutenden Wissenschaftlern aller Richtungen etwa so beschrieben: Denken in komplexen Zusammenhängen und die Fähigkeiten zu kreativem Handeln schwinden. Und zwar schwinden die Fähigkeiten nicht *trotz* der Bemühungen, sondern *aufgrund* der Bemühungen an den höheren und höchsten Schulen. Ich stelle mir daher die Frage: Bleiben etwa die interdisziplinären Bemühungen aufgrund methodischer und didaktischer Mängel ineffektiv? (Unterfordern wir unsere Schüler, überfordern wir sie, fordern wir grundsätzlich vorbei? – Vgl. dazu als Anregungen die *didaktischen Exkurse*).

7 Riedl, R.: Evolution und Erkenntnis. Antworten auf Fragen aus unserer Zeit. – München 1987 (= SP 378), 32.

Neben der Erkenntnis, daß der menschliche Verstand nur sehr bescheiden dazu geeignet ist, Systemdenken zu lernen und auszuführen, kommt für den Bereich der Schule noch die entwicklungspsychologische Komponente hinzu. Da man es im Gymnasium doch überwiegend mit dem kognitiven Bereich des Lernens zu tun hat, beziehe ich mich auf das (kognitivistische) Stufenmodell von PIAGET.[8] Die letzte Stufe der intellektuellen Entwicklung stellt in PIAGETS Theorie die der *formalen Operationen* dar. Sie beginnt mit etwa zwölf Jahren und vollendet sich während der Adoleszenz. Auf dieser Stufe erwirbt der Jugendliche die Fähigkeit, sich die Möglichkeiten vorzustellen, die einer Situation innewohnen. Er versucht beispielsweise, Hypothesen zu entwickeln, was sich bei einer Problemstellung ereignen könnte. Er kann Schlüsse, die er gewonnen hat, weiterentwickeln und neue Interpretationen schaffen. Sein Denken ist flexibel, auch fähig, Faktorenkombinationen zu berücksichtigen. Wir können also den Schluß ziehen, daß der Jugendliche ab etwa 13 Jahren in sehr bescheidenem Maße die kognitiven Fähigkeiten zum Systemdenken besitzt, was allerdings stufenweise ausgebaut und weiterentwickelt werden muß.
Jugendliche beginnen mit etwa 15 Jahren zu „philosophieren“; das Denk- und Reflexionsmuster eines Jugendlichen kann etwa so skizziert werden (ein Beispiel): „Ich ertappte mich dabei, daß ich über meine Zukunft nachdachte, und dann fing ich an, mir zu überlegen, warum ich über meine Zukunft nachdachte, und dann machte ich mir Gedanken darüber, warum ich mir überlegte, warum ich über meine Zukunft nachdachte.“[9] Die Erkenntnis, daß die Jugendlichen kognitiv zum formal operationalen Denken (charakterisiert als ein „Denken als Denken“) fähig sind, läßt eine Schlußfolgerung zu: Man kann als Lehrer Reflexionen über Literatur, Philosophien, Theorien

---

8 GINSBURG, H./OPPER, S.: Piagets Theorie der geistigen Entwicklung, 4. Aufl. – Stuttgart 1985.

9 Aus MUSSEN, P. H. u. a.: Lehrbuch der Kinderpsychologie, 3. Aufl. – Stuttgart 1981, 571f.

anstellen, man kann auch Vernetzungen im Denken provozieren. Die Schüler werden solche Versuche immer dann interessant finden, solange ein Bezug zu ihrer lebensweltlichen Erfahrung herstellbar ist. Das Theoretisieren um seinerselbst willen artet in dieser Altersstufe zu einem bloß passiven Rezipieren von Fakten und Begriffen aus und fördert kein exemplarisches Verstehen. Dies jedenfalls kann man aus der genetischen Erkenntnistheorie von PIAGET ablesen, auch wenn er sich nicht ausdrücklich mit dem Unterricht und seiner Methodik beschäftigte. Das pädagogische Postulat, zwischen lebensweltlicher Erfahrungswelt der Jugendlichen und dem Fremden einen Bezug herzustellen (ein Postulat, das seit langem von vielen Lateindidaktikern vertreten wird[10]), erhält durch PIAGET und seine Theorie eine zusätzliche Bestätigung.
Die Hypothese von der notwendigen Relation zwischen lebensweltlicher Erfahrung der Jugendlichen und der Reflexion (Theorie etc.) wird auch durch die Motivationsforschung bestätigt: Kinder lernen am besten und interessieren sich am meisten, wenn das zu Lernende (die neue Erfahrung) gemäßigt neu ist; *gemäßigt* heißt, daß das Neue mit vorhandenen Denkstrukturen assimiliert werden kann, und daß das Neue ein gewisses Maß an Konflikt hervorruft. Diese Methode der optimalen Diskrepanz kann in der unterrichtlichen Praxis auf verschiedene Weise genutzt werden: durch die grundlegende Orientierung, daß das Neue im Vergleich zur Schülererfahrung eine gemäßigte (neue) Lernerfahrung darstellt; weiters durch die Beleuchtung einer Thematik von zwei verschiedenen Perspektiven. Fremdes zu verstehen versuchen, die Fremdartigkeit akzeptieren lernen, das Andersartige nicht herabzusetzen ist sicherlich ein Beitrag zur Förderung der Toleranz: Humanistische Bildung hat doch auch die Aufgabe, Toleranz zu „unterrichten"!

---

10 Dazu mit ausführlichen Literaturhinweisen MAIER, F.: Lateinunterricht 2, 92ff. und MAIER, F.: Lebendige Vermittlung, 8ff.

Kreativität wächst zwischen Einfalt (Unfreiheit, reiner Wissensreproduktion) und Vielfalt (Chaos, unstrukturiertes Plappern); Kreativität entfaltet sich im Wechselspiel von Einfalt und Vielfalt.[11]

1.5 *Kreativität im Unterricht*

Die heutige allgemeinbildende höhere Schule kann sicherlich nicht mit der rapiden Entwicklung der Wissenschaften insofern mithalten, daß sie immer den neuesten Stand der Forschung vermittelt. Gesetzt den Fall, dies gelänge, so würde trotzdem der Fall eintreten, daß beim Verlassen der Schule das vor zwei Jahren Aktuell-Gelernte jetzt obsolet und veraltet ist. So gesehen bleibt die Schule konservativ und rückständig, auch dann, wenn Fächer wie Informatik, Mikroelektronik oder Management als Schulfächer unterrichtet werden bzw. würden. Das Ziel eines (allgemeinbildenden) Gymnasiums kann es also nicht sein, Wissen in Totalität (Überblickswissen schafft Einbildung und Arroganz) und Aktualität zu vermitteln, sondern Wissen in Intensität und Exemplarität. Die Vermittlung von Exemplarischem ist Voraussetzung für Intensität, für Einsicht, für Begreifen und somit für das Transformieren auf neue Gegebenheiten. Das Lernen am Exemplarischen schult geistige Flexibilität und alternatives Denken. Wissen in Totalität und Quantität[12] haben inzwischen Bücher und Datenbanken übernommen; der Polyhistor heutiger Prägung muß imstande sein, sein Leben lang ein Lernender zu sein, in sokratischem, stoischem oder popperschem Sinne ein Skeptiker – ein Suchender.
Nach meiner Erfahrung und den vorausgegangenen hypothetischen Überlegungen kann interdisziplinäre Kreativität im Unterricht durch folgende Aspekte provoziert werden:[13]

---

11 Vgl. Binnig, a.O. 27f.
12 Vgl. Häring, a.O. 3ff.
13 Ausführlich diskutierte didaktische Konzepte finden sich bei Maier, F.: Lateinunterricht 2 und 3.

Experimentiere mit Dir selbst!
Es gilt eine triviale Feststellung voranzustellen: Interdisziplinäres Unterrichten ist nur dann möglich, wenn der unterrichtende Lehrer selber fächerübergreifend denkt und handelt! Gerade Lateinlehrer – so meine Erfahrungen – denken in hohem Maß interdisziplinär, handeln jedoch in wesentlich geringerem Ausmaß danach. Warum? Die Tendenz zur Perfektion determiniert die Handlungsweise, Fachübergreifendes den sogenannten Spezialisten zu überlassen. Diese Einstellung ist „edel", bedarf aber nach meiner Überzeugung der komplementären Ergänzung der aus der Transaktionsanalyse bekannten Interaktionsregel *Experimentiere mit Dir selbst!* Das heißt: *Probier Dinge erst einmal aus, bevor Du sie ablehnst oder anderen überläßt!* Gymnasiales Unterrichten beinhaltet sowohl den Aspekt einer Vermittlung von Fachkompetenz als auch das Erfahren von Lebenseinstellungen und Verhaltensweisen.

Gegenüberstellungen
Der Einsatz von Parallel- und Kontrasttexten hat die Funktion, den Schülern klarzumachen, daß verschiedene Pespektiven zu verschiedenen Beurteilungen führen können. Dazu eignet sich auch die Gegenüberstellung von antiken und modernen Texten.

Exemplarisches Lernen
Gerade beim Übersetzen ist die Gefahr groß, die Behauptung einer richtigen vs. falschen Übersetzung in den Raum (Klasse) zu stellen: Dies ist jedoch der Aspekt der Einfalt, der Unfreiheit. Es gibt oft wirklich wenig Variationen beim Übersetzen; wenn es sie gibt, sollte man dies nützen, den Charakter der Vorläufigkeit und Unabgeschlossenheit herauszustellen; ganz im Sinne des kritischen Rationalismus: eine Hypothese ist dann gut, wenn sie sich falsifizieren läßt; oder im Sinne der evolutionären Erkenntnistheorie: das Charakteristische am Menschen ist es, Fehler zu machen und aus Fehlern zu lernen: „Der

Unterschied zwischen der Amöbe und Einstein besteht darin, daß beide zwar die Methode von Versuch und Irrtumsbeseitigung anwenden, aber die Amöbe nicht gern irrt, während Einstein gerade davon angezogen wird: er sucht bewußt nach seinen Fehlern, um aus ihrer Entdeckung und Beseitigung etwas zu lernen."[14] Damit hat der Mensch einen Selektionsvorteil.

Auf den Unterricht übertragen heißt das: Die eine Übersetzung ist sicherlich geeigneter als die andere; die eine Interpretation ist weniger geeignet als die andere: In einem solchen sprachlichen Umfeld kann Kreativität wachsen.

Variation als Schlüssel zur Kreativität

Bereits *Quintilian* hat in seiner *institutio oratoria* auf diesen Umstand hingewiesen. Texte müssen wiederholt werden, sie sollen ruhig öfters wiederholt werden, jedoch variiert: einmal mit der Fragestellung „Was ist die wichtigste Aussage des Abschnitts?", einmal im Vergleich zu einem Paralleltext, einmal im Vergleich zu einem Kontrasttext, einmal unter dem Aspekt „Ist das Gelesene für mich relevant?" etc.

Kreativität wächst auch im Wechselspiel von Iteration und Überraschung; Iteration allein führt zur Einfalt, Überraschung allein zu Vielfalt, Chaos und Streß.[15]

Soziales Lernen

Alle Möglichkeiten, die die Komponente des sozialen Lernens beinhalten und fördern (Arbeiten in Gruppen, wo der eine dem anderen helfen kann), sollten bewußt und situationsbezogen im Unterricht eingesetzt werden.

Kreativität ist nicht zuletzt auch ein kollektives Phänomen.

---

14 Zit. aus HELLER, B.: Erkenntnistheorie. Materialien aus Philosophie und Einzelwissenschaften. Kommentarband. – Stuttgart 1983, 68.

15 Vgl. BINNIG, a.O. 46ff.

1.6 *Der konkrete Bezug zum Thema* Natur und Mensch

Alle relevanten Umwelterziehungskonzeptionen erachten es heute als notwendig, die ökologischen Probleme unserer Zeit interdisziplinär zu behandeln. Ökologie als Interdependenzforschung bindet viele wissenschaftliche Disziplinen zusammen: die Vernetztheit der Probleme macht dies erforderlich. Auf die Schule übertragen ergibt sich als didaktische Konsequenz die Ausnutzung des fächerübergreifenden Unterrichts.

In der folgenden Übersicht ordne ich den Bildungszielen zum Bereich *Umwelterziehung* die entsprechenden Kapitel dieser Abhandlung zu:[16]

- Sensibilisierung für die Ehrfurcht vor der Natur (beim Schüler Staunen und Betroffenheit auslösen):
  2. Sehnsucht nach dem Paradies (*Ovid*);
  3. Problematisierung der Idylle (*Plinius*);
  4. Pervertierung der Natur (*Horaz, Ovid*).
- Sensibilisierung für die Dynamik und Prozeßhaftigkeit des Naturgeschehens:
  5. Das Natürliche: ein Lernprozeß (*Cicero*).
- Reflexion des Naturverständnisses unter dem Aspekt einer ganzheitlichen Naturauffassung:[17]
  6. Finalität und Kausalität (*Seneca, Cicero, Lukrez*);
  7. Ganzheitliche Naturauffassung bei den Vorsokratikern.
- Bei der Zukunftsorientierung des Naturverständnisses den Charakter der Vorläufigkeit und Unabgeschlossenheit berücksichtigen, weil die Komplexität der Problemstellungen

---

16 Anregende Hinweise zur Thematik *ökologische Bildungsziele* findet man bei: Ökologische Pädagogik – pädagogische Ökologie. Umwelterziehung und ökologisches Lernen in pädagogischen Krisenfeldern (hrsg. von BECKER, E./RUPPERT, W.). – Frankfurt/M. 1987; OLDEMEYER, E.: Entwurf einer Typologie des menschlichen Verhältnisses zur Natur, in: Natur als Gegenwelt. Beiträge zur Kulturgeschichte der Natur (hrsg. von GROSSKLAUS, G./OLDEMEYER, E.). – Karlsruhe 1983, 15ff.; DE HAAN, G.: Natur und Bildung. Perspektiven einer Pädagogik der Zukunft. – Weinheim/Basel 1985.

17 „Betroffenheit als Munition für Gesellschaftsveränderung“. Vgl. NOICHL, F.: Lernziel Umwelt am Gymnasium. In: Anregung 34 (1988), 18.

die Kapazität menschlicher Erkenntnis bezüglich sicherer Aussagen zumeist überfordert:[18]

8. Forschungsdrang und unsicheres Wissen (*Seneca*).

- Orientierungshilfen im Bereich der ökologischen Moral:

  9. Ökologische Moral (*Cicero*).[19]

- Verständnis für ein integratives Verhältnis von Natur und Mensch (Natur als Mitwelt verstehen lernen):

  10. Denke komplex – handle einfach.

Einen existentiellen Beitrag zum Erreichen dieser allgemeinen Bildungsziele kann (und soll) auch Latein durch die Lektüre entsprechender themenbezogener Texte leisten. Aufgrund der Lektüre können sich Fragestellungen ergeben, die ihrerseits aktuelle Probleme oder Dilemmata von anderer Perspektive her beleuchten. Aufgrund der intensiven Beschäftigung mit dem Text ist Fremderfahrung möglich: Fremdes verstehen und begreifen versuchen, die Fremdartigkeit akzeptieren lernen, das Andersartige nicht herabsetzen, eigene Vorstellungen dadurch nicht absolut setzen und sie relativieren, – all das sind Bildungsaspekte zur Förderung von Humanität, von Toleranz. Eng verknüpft mit der Fremderfahrung ist die Sensibilisierung dafür, was EINSTEIN mit dem Satz zusammengefaßt hat: *Die Theorie bestimmt, was wir beobachten.* Die unbewußte Theorie im Hinterkopf ein wenig transparent zu machen, um für andere Verhaltensweisen offen zu werden, ist ein wichtiger Beitrag zur Vertiefung eines ökologischen Bewußtseins: daß Müll vermieden werden soll, Energie gespart werden soll, das Auto in der Garage stehen bleiben soll etc. – all dies sind wichtige Erkenntnisse und Handlungsorientierungen. Das ökologische Be-

---

18 Zur pädagogischen Konzeption vgl. MAIER, Lateinunterricht 2, 65 (mit weiteren Literaturhinweisen).

19 Vgl. vor allem BECKER, a.O.; weiters DE HAAN, a.O. 183; BUDDE, A.: Über das Wort Natur. Eine historisch-kritische Studie. In: Vierteljahresschrift für wissenschaftliche Pädagogik 42 (1966) 1, 60. Aus der Sicht der klassischen Philologie MUNDING, H.: Antike Naturphilosophie und moderne Naturwissenschaften. In: Alte Sprachen 2 (hrsg. von MAIER, F./GRUBER, J.). – München 1982, 173.

wußtsein sollte jedoch in der Richtung vertieft werden, daß begreifbar gemacht wird, welche Theorien unser Handeln unbewußt (und damit wesentlich) beeinflussen.[20]
Der radikale Konstruktivismus, beruhend auf Studien der sich selbst erfüllenden Prophezeiungen, geht in der Deutung des oben beschriebenen Phänomens noch einen Schritt weiter: „Die Entdeckung, daß wir unsere Wirklichkeiten selbst erschaffen, kommt einer Vertreibung aus dem Paradies des vermeintlichen So-Seins der Welt gleich, an der wir zwar leiden können, für die wir uns aber nur in sehr beschränktem Maße verantwortlich fühlen. Nun steht vor uns nicht nur die Möglichkeit völliger Verantwortung für uns selbst, sondern auch für unsere Erfindung und Herstellung von Wirklichkeiten für andere."[21]

---

20 Dazu allgemein auch MAIER, Lateinunterricht 2, 66 (mit weiteren Literaturhinweisen).

21 WATZLAWICK, P. / KREUZER, F.: Die Unsicherheit unserer Wirklichkeit. Ein Gespräch über den Konstruktivismus. – München 1988, 73.

2. Sehnsucht nach dem Paradies

Es ist wohl als Grundverhalten zu charakterisierende Tatsache, daß die Menschen sich nach Harmonie sehnen, nach dem ästhetisch (oder allgemein) nach dem sozio-kulturell Ausgewogenen streben. Gerade Jugendliche sehnen sich nach Zufriedenheit, Harmonie. Dieses menschliche Bedürfnis ist seit Beginn literarischer Aufzeichnungen metaphorisch in Form von Paradies-Mythen sprachlich veräußerlicht.

2.1 *Das goldene Zeitalter*

In der Antike begegnet uns diese Art eines literarischen Sub-Genres beispielsweise in den Mythen vom *Goldenen Zeitalter*. *Hesiod* beschreibt in den *erga* (116–119) diesen paradiesischen Zustand so:

Und alle hatten Anteil an allen Gütern; Frucht brachte der nahrungsspendende Boden von selbst hervor, und zwar in Hülle und Fülle. Sie vollbrachten ihre Tätigkeiten ausgeglichen und fröhlich, gesegnet mit vielfältigen Gütern.

Wesentlich breiter führt *Ovid* diese Thematik in den *Metamorphosen* (*1,94–110*)[1] aus:

nondum caesa suis, peregrinum ut viseret orbem,
montibus in liquidas pinus descenderat undas,
nullaque mortales praeter sua litora norant.
nondum praecipites cingebant oppida fossae ...
mollia securae peragebant otia gentes.
ipsa quoque inmunis rastroque intacta nec ullis
saucia vomeribus per se dabat omnia tellus,

---

1 Vgl. Brandhofer, F. J. u. a.: Lateinische Dichterlektüre I. – Bamberg 1982 (= Auxilia), 99ff.
Der „mythische Einstieg" in die Thematik läßt sich didaktisch wie folgt begründen: Der Mythos ist sehr gut geeignet, von einer global metaphorischen Sichtweise in differenziertere Betrachtungsebenen vorzudringen (vgl. aus entwicklungspsychologischer Sicht Mussen, a.O. 624f.)
Bemerkenswert ist der rein quantitative Unterschied zwischen Hesiods und Ovids Beschreibung; ohne darauf genauer einzugehen, sei der Schluß erlaubt, daß sich in der Differenz die Intentionen des Autors spiegeln: für Ovid war die Beschreibung einer Idylle im Kontrast zur (damaligen) Realität offensichtlich wichtig.

contentique cibis nullo cogente creatis
arbuteos fetus montanaque fraga legebant ...
mox etiam fruges tellus inarata ferebat,
nec renovatus ager gravidis canebat aristis.

Fichten fällte man noch nicht, um die Stämme von ihren Höhen hinunter in die Meere zu transportieren, um sie in ferne Länder zu exportieren; außer ihre eigenen Küsten kannten die Menschen noch keine weiteren. Noch umgaben die Städte keine steil abschüssige Gräben ... Sie lebten dahin sorglos in behaglicher Ruhe; selbst die Erde, frei von Leistungen (unberührt), d. h. unberührt von Hacke und unverwundet vom Pflug, gewährte von sich aus alles. Und die Menschen, zufrieden mit zwanglos gewachsenen Speisen, sammelten Früchte des Erdbeerbaumes, Erdbeeren der Berge ... Ja bald brachte die Erde, von niemand bepflügt, das Getreide hervor; ungewendet erglänzte das Feld von gewichtigen Ähren.[2]

Ovid beschreibt das Verhältnis Mensch – Natur als ein ideales mythisches Nahverhältnis: es gibt keine Verletzung der Natur, keine Eingriffe von seiten des Menschen, alles ist in Fülle vorhanden. Der Mensch verhält sich der Natur gegenüber bescheiden und demütig, er sammelt das Vorhandene und unterläßt es, Nicht-Vorhandenes zu begehren. Eine Textanalyse mit der Fragestellung „Wie wird das Nahverhältnis Mensch – Natur verbalisiert?" könnte etwa folgendermaßen systematisiert werden:

Schema: Goldenes Zeitalter

Keine Trennung Natur – Mensch

a. Kein Eingreifen in die Natur:
- kein Abholzen: *nondum caesa pinus*
- keine anderen Naturverletzungen:
  (homines) nondum cingebant ...
  tellus immunis
  rastro intacta
  nec ullis saucia vomeribus
  inarata
  nec renovatus ager
- Lebensraum: es gibt keine Grenzüberschreitung

2 Übersetzung nach OVID, Metamorphosen (hrsg. von BREITENBACH, H.). – Stuttgart 1958.

b. Lebensgefühl:
- behagliche Ruhe: *mollia otia, securae*
- Zufriedenheit: *contenti*
- Bescheidenheit: *legebant, montana fraga* (Erdbeere als Symbol der Bescheidenheit)

2.2 *Das Naturschöne als Sinnpotential*

Im angeführten Text wird u. a. etwas thematisiert, was man heute mit dem Begriff *Rückbesinnung auf das Naturschöne* bezeichnet; man meint damit die Besinnung auf die Sehnsucht des Menschen nach Harmonie und Paradies. Dieses Harmoniebedürfnis drückt die Sehnsucht des Menschen nach dem Noch-Nicht-Gemachten aus. Die Schönheit der Unversehrtheit der Natur scheint das Gefühl zu wecken, daß sich der Mensch eben dort zu Hause fühlt, wo die Natur noch erhalten ist (vgl. Öko- von οἶκος).

K. Lorenz sieht in der Fähigkeit, die Schönheit der Natur zu kennen, ein wichtiges Sinnpotential:

> „Eine der Hauptgefahren ist die Sinnentleerung der Welt für die Jugendlichen ... Ich frage mich, wie man dem entgegentritt, und die wichtigste Gegenmaßnahme, die ich kenne, ist junge Leute mit der Schönheit der Natur bekanntzumachen. Ein Mensch, der die Schönheit eines Frühlingswaldes, die Schönheit der Blumen ... kennt, kann unmöglich an dem Sinngehalt der Welt zweifeln.“[3]

Die Sensibilisierung für das Naturschöne, worin Lorenz ein wichtiges Sinnpotential sieht, könnte durch spontane und assoziative Antworten von Schülern auf die Frage, worin für sie Merkmale des Schönen aus ökologischer Sicht bestehen, zur Diskussion gestellt werden. Antworten könnten etwa folgende Begriffe beinhalten:

---

3 Zit. aus Popper, K./Lorenz, K.: Die Zukunft ist offen (hrsg. von Kreuzer, F.). – München 1985 (= SP 340), 43. Böhme (siehe Anm. 4) bezeichnet das Naturschöne als Nahrung (vgl. 46ff.).

- optimale Proportionen, Ausgewogenheit, Integration von Bauwerken in das bestehende Landschaftsbild ...
- gute Dispositionen, d. h. die einzelnen Teile sind in eine wohlgefügte Ordnung integriert ...
- Unversehrtheit der Natur, Unberührtheit der Natur, harmonische Beziehung von Mensch und Natur ...[4]

2.3 *Das Geschäft mit dem Harmoniebedürfnis*

In der heutigen Zeit wird das Harmoniebedürfnis des Menschen professionell geweckt, damit es sich auch finanziell auszahlt. Man denke an die Tourismuswerbung, auch an die Werbungen mit der sorgenden Hausfrau, die, wenn sie diese Teesorte kocht, einen zufriedenen Mann hat: ihr Haus symbolisiert eine paradiesische Welt; weiters an Heimatfilme mit wunderschönen Naturaufnahmen, die eine Fiktion von der unberührten Natur vermitteln.
Dieser Themenkomplex, der möglicherweise durch Fächer wie Psychologie oder Medienkunde intensiver und ausführlicher behandelt werden könnte, soll ein Anstoß sein, die bisher behandelten Themenbereiche mit dem idyllischen Hintergrund zu problematisieren. Dies kann einfach dadurch geschehen, daß Schüler den Auftrag erhalten, Werbeprospekte zu sammeln, die das Harmoniebedürfnis des Menschen im besonderen ansprechen. In einem zweiten Schritt könnte eine Analyse solcher Werbeprospekte erfolgen. Ziel der Analyse ist ein Bewußtmachen zumeist verdeckter Manipulationen, ein Reflektieren unbewußter Verhaltensweisen.

2.4 *Idylle und Realität*

H. MARCUSE problematisiert die Behauptung, das Harmoniebedürfnis sei ein Grundbedürfnis des Menschen, vom neo-

4 Ausführlicher ROCK, M.: Die Umwelt ist uns anvertraut. – Mainz 1987, 63ff. Allgemein zum Thema *Naturideal* vgl. BÖHME, G.: Für eine ökologische Naturästhetik. – Frankfurt 1989 (= Suhrkamp 1556), 79ff.

marxistischen Standpunkt aus: Dieses Bedürfnis sei den Menschen aufgezwungen und so ins allgemeine Bewußtsein eingedrungen.

„Die Aufsaugung des Negativen durchs Positive wird bestätigt in der täglichen Erfahrung, die den Unterschied zwischen rationaler Erscheinung und irrationaler Wirklichkeit verschwimmen läßt. Im folgenden ein banales Beispiel für diese Harmonisierung:
Ich gehe auf dem Land spazieren. Alles ist, wie es sein sollte: die Natur zeigt sich von ihrer besten Seite. Vögel, Sonne, weiches Gras, ein Blick durch die Bäume auf die Berge, niemand ist zu sehen, kein Radio, kein Benzingeruch. Dann biegt der Pfad ab und endet auf der Autobahn. Ich bin wieder unter Reklameschildern, Tankstellen, Motels und Gaststätten. Ich war im Nationalpark und weiß jetzt, daß das Erlebte nicht die Wirklichkeit war. Es war ein Schutzgebiet, etwas, das gehegt wird wie eine aussterbende Art. Wenn die Regierung nicht wäre, hätten die Reklameschilder, die Verkaufsstände für heiße Würstchen und die Motels längst in dieses Stück Natur ihren Einzug gehalten. Ich bin der Regierung dankbar; wir haben es viel besser als früher ...“[5]

Dieser Text, der uns vor allem am Schluß mit viel Ironie wieder vom Paradies in die Realität zurückholt, leitet über zur Problematisierung der Idylle. Darunter meine ich zunächst eigentlich nicht mehr, als daß eine realistische Vorstellung von einer Natur ohne Eingriff durch den Menschen utopisch und illusionär ist. Seit Menschen existieren, gibt es eine Denaturierung. „Die Natur ist garantiert nicht harmonisch, das ist ein spätbürgerlicher Traum, nach der Ausrottung der Wölfe in unseren Wäldern.“[6]
Hier läßt sich der Rahmen zum goldenen Zeitalter schließen: *Ovid* führt uns eine Idylle in Form der *laudatio temporis acti* vor Augen; Parallelismen im Aufbau mögen die inhaltliche Aussage formal noch verstärken. Konnotativ jedoch wird durch die

---

5 Marcuse, H.: Die Katastrophe der Befreiung. In: Lust an der Erkenntnis. Die Philosophie des 20. Jahrhunderts (hrsg. von Spierling, V.). – München 1986 (= SP 547), 297.

6 v. Weizsäcker, C. F.: Geist und Natur, in: Geist und Natur. Über den Widerspruch zwischen naturwissenschaftlicher Erkenntnis und philosophischer Welterfahrung (hrsg. von Dürr, H. P.). – Bern u. a. 1989, 26.

Methode der Negation (noch nicht ...) die Denaturierung, ja der unkultivierte Umgang des Menschen mit der Natur bereits antizipiert (vgl. 4.2). Die *laudatio temporis acti* erfüllt u. a. die Funktion, durch den Kontrast von Jetztzustand und Idealzustand appellativ zu wirken; der gegenwärtige Zustand wird durch das Gegenüberstellen eines Idealzustandes dem Rezipienten pointiert transparent gemacht.[7]

7 Eine weitere ideale Beziehung von Natur und Mensch aus der Antike (*Platon, Phaidros 230 b–d*) ist bei Böhme (a.O. 56ff.) sehr anschaulich interpretiert.

3. Problematisierung der Idylle

Im letzten Kapitel wurde beschrieben, daß der Mensch nach Ausgewogenheit und Harmonie strebt; dieses Ideal drückt sich auch im Verhältnis zur Natur aus: der Mensch ist in das Naturganze integriert, er strebt nicht nach Grenzüberschreitung, sondern ist mit dem Vorhandenen zufrieden. Die didaktische Aufgabe – gerade in der heutigen Zeit – sollte in die Richtung gehen, Jugendliche für die Schönheiten der Natur zu sensibilisieren, weil damit auch einer Sinnentleerung entgegengewirkt werden kann. Trotzdem gibt es seit Menschengedenken quasi die existentielle Notwendigkeit einer Denaturierung: die realistische Vorstellung vom Verhältnis Mensch und Natur ist nicht harmonisch.

Im folgenden Kapitel wird gleichsam von einer Turmperspektive aus die Stellung des Menschen in der Natur reflektiert.

3.1 *Die Stellung des Menschen in der Natur*

Plinius (*naturalis historia 7, 1–5*) beginnt diesen Abschnitt mit der Feststellung, daß der menschliche Geist nicht alles in der Natur verfolgen kann:

Principium iure tribuetur homini, cuius causa videtur cuncta alia genuisse natura magna, saeva mercede contra tanta sua munera, non ut sit satis aestimare, parens melior homini an tristior noverca fuerit. Ante omnia unum animantium cunctorum alienis velat opibus ... Hominem tantum nudum et in nuda humo natali die abicit ad vagitus statim et ploratum ... Itaque feliciter natus iacet manibus pedibusque devinctis, flens animal ceteris imperaturum, et a suppliciis vitam auspicatur unam tantum ob culpam, qua natum est. Heu dementia ab his initiis existimantium ad superbiam se genitos!

Weiters wird im Text darauf verwiesen, daß die anderen Lebewesen instinktiv Verhaltensweisen ausführen, während der Mensch sich alles mühsam durch Lernen erwerben muß; die anderen Lebewesen halten instinktiv zusammen, während dem Menschen die meisten Übel vom Menschen erwachsen (*homini plurima ex homine sunt mala*), ihm allein ist auch die Tendenz zur Ausschweifung, zur *luxuria* eigen.

Der Vorrang wird mit Recht dem Menschen zugewiesen werden, da um seinetwillen die große Natur alles andere erschaffen zu haben scheint, wenngleich sie gegen ihre so großen Gaben einen grausamen Preis setzte, so daß man nicht klar entscheiden kann, ob sie dem Menschen mehr eine gütige Mutter oder eine herbe Stiefmutter gewesen ist. Vor allem kleidete sie ihn allein von allen Lebewesen in fremde Erzeugnisse; alle anderen versah sie in mannigfacher Weise mit Bedeckungen ... Nur den Menschen setzt sie am Tag seiner Geburt nackt und auf der bloßen Erde sogleich dem Wimmern und Weinen aus ... Und so liegt das glücklich geborene Kind da mit gebundenen Händen und Füßen, weinend, als Geschöpf, das später die übrigen beherrschen soll, und mit Pein beginnt es sein Leben, nur wegen der einzigen Schuld, geboren zu sein. Ach, welch ein Wahnwitz derjenigen, die nach einem solchen Anfang glauben, zum Hochmut geboren zu sein.[1]

In diesem Text wird die Stellung des Menschen in der Natur als unvollkommen thematisiert: unüberhörbar ist die Warnung vor der Hybris, verbalisiert u. a. in dem Satz *Heu dementia* ... Ich höre hier konnotativ mit, daß *Plinius* auch einen Appell aussprechen möchte (modern formuliert): Obwohl es scheint, daß der Mensch die Krone der Schöpfung ist, kann er sich nicht wie ein Ausbeuter gebärden! Der Gedanke von der Fähigkeit des Menschen, in die Natur gestaltend einzugreifen, wird heute mit dem Begriff der *Denaturierung* umschrieben. Im Mythos findet sich dieser Gedanke beispielsweise im Prometheusmythos. Anfangs waren die Menschen auf zufällige Feuer (die Blitze des Zeus) angewiesen; erst durch den Besitz des Feuers (Prometheus) waren sie in der Lage, verschiedene Naturwidrigkeiten zu meistern, sie waren auch in der Lage, Werkzeuge herzustellen, um den Boden zu bestellen.

1 Übersetzung nach *C. Plinii Secundi naturalis historiae*. Liber VII (hrsg. u. übersetzt von König, R.). – Darmstadt 1975.

Schema: Natur als Mutter und Stiefmutter

Magna natura
1. Die Natur hat dem Menschen eine besondere Stellung zugewiesen, sie ist ihm eine gütige Mutter, sie hat ihn dazu ausersehen, über andere zu herrschen *(principium tribuetur homini, cuius causa videtur cuncta alia genuisse natura magna. parens melior; animal imperaturum).*
2. Die Natur ist dem Menschen eine herbe Stiefmutter: der Mensch ist nackt, unvollkommen, der Hilfe bedürftig *(tristior noverca; alienis velat opibus; hominem nudum et in nuda humo; flens animal; a suppliciis).*
→ Ein solches Lebewesen hat keinen Anlaß zum Hochmut *(heu dementia ... ad superbiam).*

3.2 *Denaturierung*

Plinius betont vor allem die Ambiguität in der Abhängigkeit des Menschen von der Natur: einerseits hat ihn die Natur zunächst als weinendes Geschöpf geschaffen, andererseits hat sie ihn befähigt, auch über andere zu herrschen. Ähnliche – und doch von der Perspektive sehr unterschiedliche – Gedanken äußert K. LÖWITH: es liege in der Natur des Menschen, aufgrund seiner Unvollkommenheit destruktive Handlungsweisen gegenüber der Natur zu setzen:

„Der Mensch muß, um menschlich leben zu können, die Natur durch Arbeit, d. h. durch destruktive Aneignung kultivieren und somit denaturieren. Er ist nur Mensch, indem er in irgendeinem Ausmaß kultivierend und kultiviert ist – so natürlich ist ihm das Künstliche. Die Techne wird ihm zu einer zweiten Natur. Und wenn der Mensch in einer Notlage auf das kunstlose Verschlingen unzubereiteter Nahrung angewiesen ist, so fühlt er, daß er sich nicht mehr menschlich, sondern beinahe tierisch benimmt ...
Alles, was rein von Natur ist, scheint für sich selbst kein Problem zu sein, sondern eine Antwort vor allen Fragen oder, richtiger gesagt: weder Antwort noch Frage, sondern einfachhin Phänomen. Mit dem Menschen kommt ein Riß in die Natur, etwas Fragwürdiges und Zweideutiges, Unzulängliches und Nichtiges ...“[2]

---

2 LÖWITH, K.: Natur und Humanität des Menschen. In: Anthropologie als philosophische Reflexion über den Menschen (hrsg. von MÜLLER, A.). – Münster 1985, 191 f.

LÖWITH formuliert das Verhältnis Mensch – Natur so, daß es durch und durch menschlich ist, wenn der Mensch in die Natur kultivierend d. h. denaturierend eingreift. Von dieser Perspektive aus nimmt der Mensch die Natur als ein Gegenüber (als Gegenwelt) wahr: nur der ständige Eingriff in die Natur reduziert die Knappheit der Lebensmittel, verspricht durch Ausnutzung von Technik und Wissenschaft die Naturbeherrschung (z. B. eine relative Sicherheit vor Naturkatastrophen) und erweitert die Möglichkeit der Selbstentfaltung (man denke an die Arbeitserleichterungen, die dadurch bedingte Freizeit etc.).
Ein Vergleichspunkt läßt sich zu *Plinius* im Kontrast gut herausarbeiten: Während LÖWITH die Handlungen der Menschen in bezug zur Natur von der Perspektive zweier getrennter Bereiche beschreibt, ist der Mensch bei *Plinius* in die große Natur integriert; würde der Mensch diese Integration überschreiten, wäre er der *superbia* schuldig.

3.3 *Denaturierung heute*

Die in den Kapiteln 2 und 3 aufgebaute Antinomie von Idealität und Realität könnte durch den Bezug zur lebensweltlichen Erfahrung der Schüler vertieft werden. In Form einer Collage kann diese Fragestellung visualisiert werden, indem die Schüler aus Zeitungen und Illustrierten Bilder ausschneiden: Urlaubsprospekte einerseits und Waldsterben, Umweltsünden andererseits, d. h. auf der einen Seite kultiviertes Eingreifen, auf der anderen Seite zerstörerisches Eingreifen des Menschen in die Natur. Diese Collage könnte auch mit eigenen Fotos erstellt werden. Wichtig ist bei diesem affektiven Lernziel, daß die unmittelbare Erfahrungs- und Erlebniswelt der Schüler thematisiert wird. Im übrigen sollte der Grundsatz gelten: Es gibt keine universell, allgemein gültige Kreativität, sondern nur eine lokal eingeschränkte; die lokale Kreativität verzichtet aus denkökonomischen Gründen auf die Frage nach allgemeiner Originalität, sie strebt, wie BINNIG feststellt,[3] eine beschränkte Originalität an.

3.4 *Technikfeindlichkeit?*

Als Ergänzung zur Thematisierung der Denaturierung könnten zwei sich widersprechende Texte diskutiert werden, vielleicht nicht in Latein, jedoch als Anregung zur Zusammenarbeit mit Fächern wie Biologie, Philosophie.
Der Chemiker E. CHARGAFF klagt die modernen Naturwissenschaften an, sie wären für die Brutalisierung im Umgang mit der Natur verantwortlich:

„Ich glaube nicht, daß es eine Übertreibung ist, wenn ich sage, daß wir in einem Zeitalter leben, in dem die Naturwissenschaft es auf sich genommen hat, die Natur zu brutalisieren wie nie zuvor. Es könnte sein, daß sie es schon immer getan hätte, wenn sie die Mittel dazu gehabt hätte, aber ich bezweifle es. Es hat Zeiten gegeben, in denen das Gewissen des einzelnen noch funktionierte und ihn von vielem abhielt, das jetzt durch den Teufelskult der Machbarkeit als des einzigen kategorischen Imperativs nicht nur sanktioniert, sondern sogar anbefohlen wird ... Ich glaube, daß das Verschwinden von zwei einstmals lebendigen Kräften viel zu unserer Misere beigetragen hat. Diese sind das menschliche Gewissen und die Einbildungskraft, um sich in ein anderes Lebewesen hineinzuversetzen ...
Meine sehr kritische Einstellung zu unserem gegenwärtigen Naturwissenschaftsbetrieb ist nicht meiner geringen Meinung über seine Leistungen zuzuschreiben, sondern meiner Überzeugung von der verhängnisvollen Wichtigkeit der Naturforschung. Sie hat den leeren Raum ausgefüllt, den das Verblassen der Religionen und des menschlichen Gewissens hinterließ. Wenn jedes Zeitalter einer Religion bedarf, so sind die Naturwissenschaften die Religion dieses Jahrhunderts geworden."[4]

Der Philosoph K. POPPER verteidigt die Naturwissenschaften und schreibt gerade dem Fortschritt der Technologien ein menschenwürdigeres Leben im 20. Jh. zu:

---

3 a.O. 121ff.
4 CHARGAFF, E.: Erforschung der Natur und Denaturierung des Menschen. In: DÜRR, a.O. 361 und 366.

„Ein Fehler, der heute gemacht wird, besteht in einem verantwortungslosen Angriff auf die Naturwissenschaften und die Vernunft. Er hat seine Grundlage hauptsächlich im unfaßbaren Horror von Hiroshima und Nagasaki. Diese schrecklichen Geschehnisse werden von einer bestimmten Propaganda für ihre eigenen Zwecke gegen die Naturwissenschaften und die Vernunft und zugunsten eines Irrationalismus mißbraucht. Und diese Schrecknisse werden dazu mißbraucht, um jungen Menschen unsere Welt als elende, furchtbare Welt darzustellen, als eine Welt, die von den Naturwissenschaften, der Technologie und der Industrie denaturiert wurde: eine ungerechte Welt, ruiniert durch die Gier der Industrie und die Unfähigkeit der Politiker. Ich behaupte, daß dies alles nicht wahr ist ... Und ich erkläre, daß diese Art der Propaganda unverantwortlich ist. Sie hat junge Menschen zur Verzweiflung und in die Drogensucht getrieben, und deren Augen blieben gegenüber der wundervollen Schönheit der Welt, in der wir leben, verschlossen. Statt dessen hätten sie lernen müssen, wie es uns gelungen ist, trotz Hitler und Stalin ... unsere soziale Ordnung im Westen besser und gerechter, offener und reicher an Wahlmöglichkeiten zu gestalten als jede andere Gesellschaft, die jemals auf der Erde existiert hat (eine Welt ohne Sklaven, de iure und de facto)."[5]

Die Einstellung zu modernen Technologien und den dadurch bedingten Fortschritt läßt sich nicht mit einem Entweder – Oder wiedergeben. Die Komplexität der Phänomene provoziert eine Haltung, die man mit „Denke komplex" umschreiben könnte.

Es ist eine unbestreitbare Tatsache, daß *eine* Weltsicht des 20. Jahrhunderts durch Entmythologisierung und Säkularisierung geprägt ist. Machtstreben, Gewinnsucht und die von Rationalität geleitete Technologie tendiert zur Naturbeherrschung und letztlich zur Menschenbeherrschung (Mensch als Teil der Natur). Kritiker dieser Erscheinungen kommen zu dem Schluß, daß die menschliche Geschichte am Ende angelangt sei; das einzige, was man noch tun könne, wäre ein möglichst langes Hinauszögern dieses Endes: Unser Dasein definiert sich als Frist; wir leben als Gerade-noch-seiende.[6]

Mag die oben angeführte Kritik der Postmoderne noch so realitätsnah sein, so ist sie doch keine zukunftsweisende Bil-

5 Popper, K.: Gedanken über das, was wichtig ist, in: Dürr, a.O. 384.
6 Vgl. Anders, G.: Die atomare Drohung. – München 1972, 93ff.

dungstheorie, weil jegliche Perspektive fehlt. In diesem Kontext ist die Gegenkritik POPPERS zu verstehen. POPPER ist so sehr Realist, daß er sich der Probleme in unserer Welt bewußt ist. Es gilt jedoch in der Erziehung, im Unterrichten Optimismus, Konstruktivität und Perspektivität aufzubauen. Bildung ist sowohl intellektuelles Bedürfnis nach Weltverständnis als auch emotionelles Betroffensein, sowohl Kritik an einer Überschätzung der Machbarkeit und Planbarkeit als auch die Förderung des Zutrauens, selber Dinge planen, verändern, beeinflussen zu können.

4. Pervertierung der Natur

Im vorausgehenden Kapitel wurde anhand des *Plinius*-Textes beschrieben, daß der Mensch in die große Natur integriert ist, daß er eine besondere Stellung im Vergleich zu anderen Lebewesen hat, daß er jedoch keineswegs hochmütig sein kann, weil seine Hilfsbedürftigkeit und Unvollkommenheit (gerade am Beginn seines Daseins) dagegen sprechen. Aufgrund seiner Unvollkommenheit setzt der Mensch – so vor allem moderne Deutungen – denaturierende Handlungsweisen: unter Denaturierung versteht man sowohl das kultivierte Eingreifen des Menschen in die Natur als auch zerstörerische Handlungsweisen.

Im folgenden Kapitel geht es um das Eingreifen des Menschen in die Natur, das als negativ, zerstörerisch und dekadent bezeichnet werden kann, das, was wir heute mit „Ausbeutung der Natur" umschreiben.

4.1 *Das Natürliche im Gegensatz zum Dekadenten*

Horaz beschreibt in *carm. II, 15, 1–12* den nach seiner Meinung radikalen Eingriff des Menschen in die Natur; Naturlandschaften werden zerstört und anstelle dieser werden Kunstgelände geschaffen; *Horaz* beschäftigt sich in dieser Ode mit Umweltproblemen der damaligen Zeit:

Iam pauca aratro iugera regiae
moles relinquent, undique latius
extenta visentur Lucrino
stagna lacu platanusque caelebs

evincet ulmos; tum violaria et
myrtus et omnis copia narium
spargent olivetis odorem
fertilibus domino priori.

tum spissa ramis laurea fervidos
excludet ictus. Non ita Romuli
praescriptum et intonsi Catonis
auspiciis veterumque norma.

Es läßt der Prachtbau fürstlicher Schlösser bald nichts mehr dem Pfluge. Überall breiten sich, wie Seen groß, der Teiche Spiegel, auch die Platane, von keiner Rebe umrankt, verdrängt den schüchternen Ulmenbaum. Bald hauchen

Veilchen, Myrten und bunter Flor des Duftes Kitzel, wo vordem der Segen gereift von der Frucht des Ölbaums; und allem Lichtstrahl wehret des Lorbeers Dach! So war es nicht der Wille des Romulus, so wollt es nicht der strenge Cato, all das versagte der Brauch der Väter.[1]

Schema: Das Natürliche und Dekadente

Idealität		Realität
+	Natürlicher Lebensraum	–
aratro iugera		*regiae moles*
lacus		*extenta stagna*
ulmus		*platanus caelebs*
olivetum fertile		*violarium, myrtus*
fervidus ictus		*spissa laurea*
→ das Natürliche		→ das Dekadente
Laudatio temporis acti		
– *prior dominus*		– *Romulus*
– *Cato intonsus*		– *auspicium*

Gleich zu Anfang spricht *Horaz* die Sorge aus, daß die prachtvollen Bauten der Naturlandschaft nur noch wenig Raum übriglassen werden: Schlösser und Paläste breiten sich mehr und mehr aus, sie verdrängen die Naturlandschaften; übrig bleiben Kunstgärten oder Zierbäume, keine natürlichen Bäume, die Früchte tragen und durch ihren Wandel den Jahreszeitlauf uns vor Augen führen. Der Dichter führt also Klage gegen eine Naturveränderung zu Lasten von Ackerbau und Olivenhainen und gegen ein künstliches Paradies von Kunstgärten.[2]

---

1 Übersetzung nach *Horaz,* Sämtliche Werke. Lateinisch und deutsch (hrsg. und übersetzt von FÄRBER, H.). – München 1957.

2 Vgl. dazu ELLER, K. H.: Horaz. Der unbekannte Dichter. – Frankfurt a. Main 1989, 59f.; das Gedicht sei auch deshalb überzeugend, weil die Kritik fast völlig in Naturbilder umgesetzt werde; abgesehen von den Gestalten Romulus und Cato erscheinen nicht Menschen im Vordergrund, die Bau- und Naturanlagen handeln vielmehr selbsttätig.

4.2 *Der Teufelskreis des Fortschritts*

Ovid beschreibt in den *Metamorphosen 1, 128–140* mit dem eisernen Zeitalter – wie bereits konnotativ im goldenen mit der Methode der Negation angedeutet – das seiner Meinung nach unkultivierte Eingreifen des Menschen in die Natur; der Mensch macht die Umwelt zu seinem Produkt (ein Gedanke, der sich durch das ganze Werk der *Metamorphosen* zieht[3]):

Protinus inrupit venae peioris in aevum
omne nefas: fugere pudor verumque fidesque;
in quorum subiere locum fraudesque dolique
insidiaeque et vis et amor sceleratus habendi.
vela dabant ventis nec adhuc bene noverat illos
navita, quaeque diu steterant in montibus altis,
fluctibus ignotis insultavere carinae.
communemque prius ceu lumina solis et auras
cautus humum longo signavit limite mensor.
nec tantum segetes alimentaque debita dives
poscebatur humus, sed itum est in viscera terrae;
quasque recondiderat Stygiisque admoverat umbris,
effodiuntur opes, inritamenta malorum.

Da brachen sogleich in die Zeit des geringeren Metalles jegliche Frevel; es flohen die Scham, die Wahrheit, die Treue. Dafür erwuchsen die Laster: Betrug und allerlei Ränke, Hinterlist und Gewalt und die frevlerische Begier nach Besitztum. Segel bot man den Winden – noch kannte der Schiffer sie wenig –, und die Kiele, die lang in den hohen Gebirgen gestanden, munter tanzten sie jetzt auf unbekannten Gewässern; und der Boden, der früher Gemeingut war wie die Lüfte und wie das Licht, jetzt ward er genau mit Grenzen bezeichnet. Nicht nur Saaten verlangte der Mensch von dem üppigen Boden, Nahrung, die zu gewähren er schuldete, nein, in der Erde Tiefen drang man, die Schätze zu graben, Lockmittel des Bösen, die sie im Innern verwahrte, zunächst bei den stygischen Schatten.[4]

---

3 Vgl. v. ALBRECHT, M.: Interpretationen und Unterrichtsvorschläge zu Ovids Metamorphosen. – Göttingen 1984 (= Consilia 7), 4ff.: die Metamorphosen dokumentieren im ganzen weniger den uns geläufigen Gedanken, der Mensch sei ein Produkt seiner Umwelt, als vielmehr umgekehrt die Vorstellung, daß die Umwelt ein Produkt des Menschen sei.

4 Übersetzung nach *Ovid, Metamorphosen,* a.O.

Schema: Eisernes Zeitalter

Trennung Natur – Mensch
Eingreifen in die Natur: – Abholzen *(carinae ...)* – andere Naturverletzungen: *segetes alimentaque poscebatur humus* *itum est in viscera terrae* *effodiuntur opes* ➔ *inridamenta malorum* – Lebensraum: Grenzüberschreitung (macht Grenzen nötig): *vela dabant ventis (nec adhuc)* *fluctibus ignotis* *limite*

Im eisernen Zeitalter, nachdem bereits Frevel und andere Laster angewachsen waren, griffen die Menschen in die Natur ein, indem sie Wälder abholzten, von der Erde Nahrung verlangten und in die Tiefen der Erde vordrangen, um nach Schätzen zu graben.

Es beginnt der Teufelskreis des Fortschritts[5]: der Mensch mit seiner Besitzgier schafft Übel, diese führen zu Kriegen und Raub, diese wiederum zielen auf Reichtümer, diese sind Lockmittel, die die Gier nach Besitz anstacheln ... Die *pietas* liegt darnieder, das verantwortungsvolle Verhältnis des Menschen zum Menschen, zum Staat, zu den Göttern, zur Natur. Wir haben hier recht markant eine *Metamorphose* von der *pietas* zur *Hybris* (*Hybris* als Grenzüberschreitung) verbalisiert.

5 Vgl. auch Brandhofer, a.O. 108ff. Zur Ambivalenz des Fortschritts vgl. den sehr anregenden Aufsatz von Kerschensteiner, J.: Antike Gedanken zum Kulturfortschritt und seiner Ambivalenz. In: Werte der Antike (hrsg. von Hörmann, F.). – München 1975 (= Klassische Sprachen und Literaturen 9), 26ff.

4.3 *Das Fehlen der Ehrfurcht*

Ein Gedanke aus *Ovid* soll noch explizit hervorgehoben werden: Wenn moralische Werte fehlen, die den Menschen einbremsen, ist die Natur hoffnungslos der Ausbeutung preisgegeben. Der Gedanke von der engen Beziehung zwischen Moral und Umgang mit der Natur ist bei *Ovid* angesprochen, wenn er beklagt, daß Wahrheit, Treue flohen, während Betrug, Gewalt und Besitzgier entsprechend wuchsen.[6]
K. Lorenz formuliert diesen Zusammenhang in der *2. Todsünde der zivilisierten Menschheit*:

> Die Verwüstung des natürlichen Lebensraumes, die nicht nur die äußere Umwelt zerstört, sondern auch im Menschen selbst alle Ehrfurcht vor der Schönheit und Größe einer über ihn stehenden Schöpfung.[7]

Den engen Zusammenhang zwischen Umweltkrise und Innenweltkrise zieht auch der Schweizer Philosoph W. Zimmerli, wobei er sich in der Argumentation stoischen Gedankenguts bedient:

> In dem Maße, in dem unser wissenschaftlich-technisches Wissen über das, was ist, zunimmt, scheint unser moralisches Wissen über das, was sein soll, abzunehmen.
> Kurz: Es sieht so aus, als gehe mit zunehmendem wissenschaftlich-technischen Wissen über das Sein ein Verschwinden der Orientierung über den Sinn Hand in Hand.[8]

---

6 Darauf hat auch Nietzsche hingewiesen: „Hybris ist unsere ganze Stellung zur Natur, unsere Naturvergewaltigung mit Hilfe der Maschinen und der so unbedenklichen Techniker- und Ingenieur-Erfindsamkeit ...“ Das Zitat ist dem Aufsatz entnommen: Fetscher, I.: Lebenssinn und Ehrfurcht vor der Natur in der Antike, in: Gymnasium, Beihefte 9 (1988), 32ff.
Zur Verdeutlichung des Hybrisgedankens sei noch auf *Sophokles, Antigone 332ff.* verwiesen: „Vieles ist gewaltig, nichts ist gewaltiger als der Mensch; er durchfährt bei Sturm das Meer und schwächt die Erde durch ständiges Pflügen.“ Vgl. dazu auch Maier, F.: Freiheit und Weisheit. Mitgift der Antike für Europa. – Bamberg 1992.

7 Lorenz, K.: Die acht Todsünden der zivilisierten Menschheit. – München 1982 (= SP 50), 107. Zur Thematik vgl. auch Maier, Lateinunterricht 2, a.O. 56.

8 Zimmerli, W.: Vorwort, in: Dürr, a.O. 9.

4.4 *Erhaltungssatz des Mülls*

Ein zweiter Gedanke sei zum Ovidtext erwähnt. Frappierende Ähnlichkeit besteht zwischen der Argumentation bei *Ovid*, wenn er es als ein Verbrechen ansieht, daß die Menschen sogar die Schätze aus der Erde hervorholen, und F. HUNDERTWASSER, einem österreichischen Architekten, der u. a. durch Dachbepflanzungen von Stadthäusern bekannt wurde, – ich referiere Gedanken aus einem Fernsehinterview 1989 (ORF):

Die Erde brauchte Millionen von Jahren, um das ganze Gift im Innern einzuschließen und die Oberfläche dadurch lebensfähig zu machen; wir holen nun das ganze Gift (Erdöl) aus der Erde hervor. Solange wir nicht aufhören, die Gifte im Innern der Erde zu lassen, solange werden wir mit den daraus resultierenden Problemen nicht fertig: Verbrennungen von Müll beispielsweise bedeuten ja nur Umwandlungen oder Problemverschiebungen, aber keine Giftbeseitigung. Analog zum Erhaltungssatz der Materie gibt es auch einen Erhaltungssatz des Mülls.[9]

Kontrastiv zu HUNDERTWASSERS Idee der Dach- und Hausbepflanzungen ein Gedanke *Senecas* im *122. Brief (19):* Diejenigen leben gegen die Natur, die beispielsweise die Nacht zum Tag machen und den Tag zum Ausschlafen benutzen; aber auch diejenigen leben gegen die Natur, die – nachdem sie die Naturlandschaften zerstört haben – Kunstgärten auf ihren Dächern anlegen und darauf Bäume pflanzen (eine Problematisierung der Hundertwasser-Idee):

Non vivunt contra naturam, qui pomaria in summis turribus serunt? quorum silvae in tectis domuum ac fastigiis nutant?...

---

9 Der Gedanke der Naturpervertierung, des radikalen Zurückdrängens des Natürlichen läßt sich auch durch *Seneca epist. mor. 89, 21 oder Horaz Ode III 24* vermitteln. Weitere Texthinweise findet man in ROHACEK, M.: Die Bedeutung der antiken Moralphilosophie für die moderne Konsumgesellschaft, in: Ianus 12 (1991), 49–53. Mit antiken Umweltsünden beschäftigt sich auch das Buch von WEBER, K. W.: Smog über Attika. – München 1991 (= Artemis).

Didaktischer Exkurs I

Die bisherigen Kapitel haben sich mit folgenden Themenbereichen beschäftigt:

- Der Mensch sehnt sich nach Harmonie, nach einem natürlichen Paradies. Dieses Streben des Menschen wird vor allem von Verhaltensforschern (vgl. LORENZ) als natürliches Streben charakterisiert, worin auch ein wichtiges Sinnpotential (insbesondere) für Jugendliche stecke.
- Dieses natürliche Streben des Menschen nach Harmonie und Ausgewogenheit wird jedoch auch manipuliert: der Hinweis auf Tourismus-Werbungen oder die Schaffung von künstlichen Harmonien (Nationalparks) soll hier genügen.
- Die Beziehung zwischen Natur und Mensch ist realistisch betrachtet jedoch niemals paradiesisch und konfliktfrei: aufgrund seiner Bedürftigkeit ist der Mensch existentiell gezwungen, in die Natur einzugreifen, diese zu denaturieren; die Denaturierung kann nun in kultivierter Form geschehen oder aber in ausbeuterischer Form.
- Im letzten Kapitel wurde das Natürliche im Gegensatz zum Dekadenten beschrieben: der Mensch neigt dazu, den natürlichen Lebensraum zu zerstören und unkultiviert in die Natur einzugreifen, wenn die Ehrfurcht vor der Größe der Natur schwindet; Besitzgier schafft Übel wie Krieg, Raub, Umweltzerstörung. Auch die Verletzung der Erde durch Graben nach Schätzen rächt sich in der Folge (Erhaltungssatz des Mülls).

Die bisher besprochenen Lerninhalte möchte ich in Anlehnung an SCHULZ VON THUN[1] durch ein Wertequadrat und die daraus möglichen Lernschritte (Verhaltensveränderungen) erörtern. Unter Bezugnahme auf *Aristoteles,* der einen Wert als die

---

1 Die Struktur des Wertequadrats ist zusammengefaßt nach SCHULZ V. THUN, F.: Miteinander reden 2. Stile, Werte und Persönlichkeitsentwicklung. – Reinbek 1989 (= rororo Sachbuch 2498), 38f. und 47f.

rechte Mitte zwischen zwei fehlerhaften Extremen zu bestimmen suchte, wird in der Struktur des Wertequadrats von folgenden Prämissen ausgegangen:

① Jeder Wert (Tugend, Persönlichkeitsmerkmal, Einstellung) kann nur dann zu einer konstruktiven Wirkung gelangen, wenn er sich in einer ausgewogenen oder optimalen Spannung zu einem positiven Gegenwert befindet. Ein solches positives Spannungsverhältnis würde beispielsweise zwischen den Werten Sparsamkeit und Großzügigkeit bestehen.

② Ohne diese ausgewogene oder optimale Spannung verkommt der Wert zu seiner entwerteten Übertreibung, zu seiner Entartungsform. Eine solche Überkompensation würde – um beim obigen Beispiel zu bleiben – Geiz (im Vergleich zu Sparsamkeit) und Verschwendung (im Vergleich zu Großzügigkeit) sein.

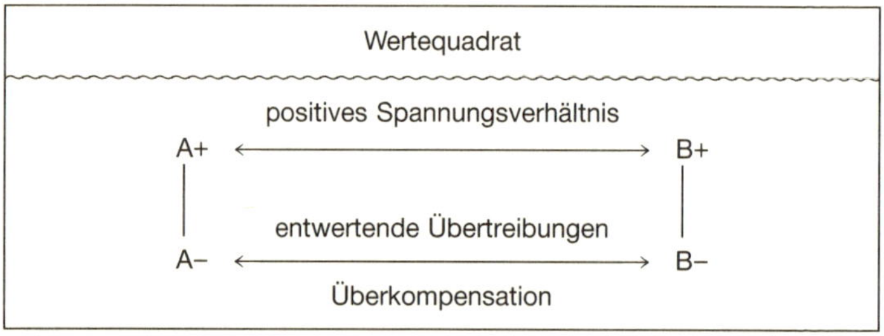

③ Erkenntnisse aus der Kommunikationspsychologie lassen für effektive Lernvorgänge den Schluß zu, daß eine Verhaltensveränderung vom jeweiligen Unwert zum konträren positiven Wert eine sinnvolle Entwicklungsrichtung darstellt.

Aus der Struktur des Werte- und Entwicklungsquadrats läßt sich m. E. sehr viel Effektives für die Unterrichtsplanung gewinnen. Dies möchte ich nun am Beispiel des bisherigen Konzepts konkretisieren:

– In einem dialektischen Verhältnis steht einerseits der Gedanke der Ehrfurcht vor der Natur, das Staunen vor der

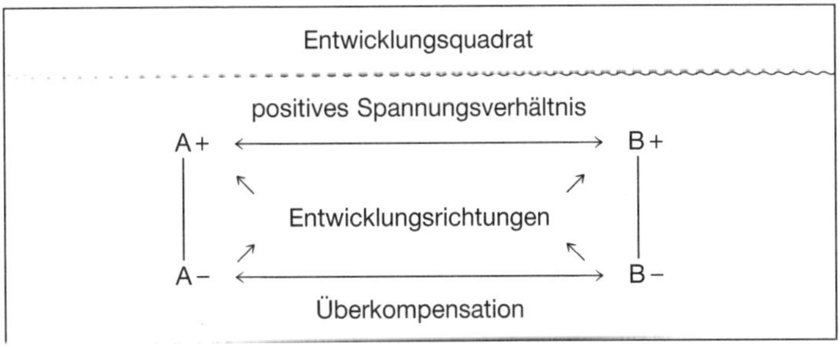

Schönheit der Natur, das daraus resultierende Sinnpotential, die Sehnsucht des Menschen nach Harmonie und Ausgewogenheit, die Idealität der *maiorum* (vgl. die Texte von *Ovid*, LORENZ); andererseits der Gedanke der Denaturierung im Sinne einer existentiellen Notwendigkeit (vgl. Texte von *Plinius,* LÖWITH).

- Die jeweiligen in einem dialektischen Spannungsverhältnis stehenden Werte können überkompensiert werden und zu einem Unwert verkommen. Entsprechend steht der existentiellen Denaturierung die Pervertierung der Natur gegenüber (vgl. Texte von *Horaz* und *Ovid*); dem positiven Harmoniebedürfnis stehen sogenannte Scheinharmonien (vgl. Werbung) oder künstliche Harmonien entgegen (vgl. *Horaz* mit seiner Kritik an den Kunstgärten bzw. MARCUSES Kritik am Nationalpark).

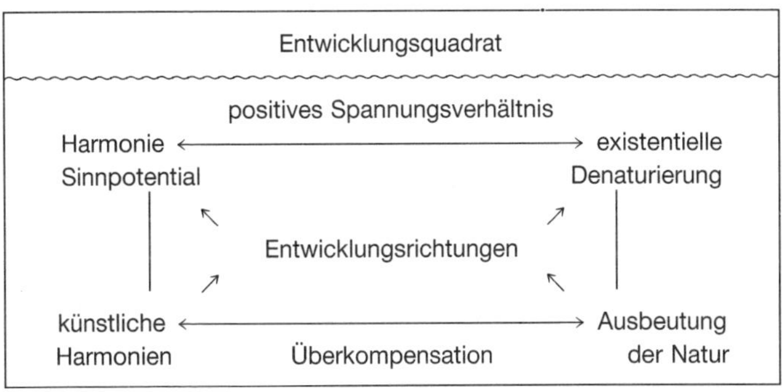

- Je nach individueller Einstellung (Gruppeneinstellung) kann durch eine solche unterrichtliche Planung eine Entwicklungsrichtung von der Überbetonung *künstlicher Harmonien* zum konträren Gegensatz *existentielle Denaturierung* provoziert werden. Ebenso kann die Entwicklungsrichtung von *Ausbeutung der Natur* zu *Harmonie und Sinnpotential* gelenkt werden.

Ein derartiges didaktisches Konzept hat den Vorteil, daß trotz Aktualisierung antiker Texte eine vorschnelle Identifizierung vermieden wird, weil aufgrund sich widersprechender Informations- und Erfahrungsteile der didaktische Aspekt des Verunsicherns, der Aporie mit integriert ist. Gegensätze und Widersprüche – so die didaktische Intention – sollen im Sinne komplementärer Pole behandelt werden.

5. Das Natürliche – ein Lernprozeß

Nach dem Bewußtmachen von Natur-Pervertierungen eignet sich als Kontrast die Behauptung: Das Verhältnis Mensch – Natur kann gelernt und *kultiviert* werden. Diese optimistische Perspektive, der Mensch könne naturgemäßes Verhalten lernen, wird in der Antike zumeist so thematisiert, daß von naturphilosophischen Überlegungen ausgehend menschliche Verhaltensweisen abgeleitet werden: von deskriptiven Behauptungen (so und so ist etwas) werden präskriptive Sätze (so und so soll der Mensch handeln) entwickelt: die Naturerklärung bildet in der Regel die Grundlage für die Ethik.

5.1 *Zum Begriff* natura

Bei *Plinius* haben wir bereits die Bedeutung der *magna natura,* die allumfassend ist, der der Mensch alles verdankt, von der er abhängig ist, kennengelernt. *Natura* (eig. Geburt) kommt von *nasci* und heißt *hervorbringen, geboren werden.* Es ist die Übersetzung des griechischen *Physis.* Konkretisiert heißt *Physis* einerseits menschliche Natur im Gegensatz zum *Nomos* (von der Gesellschaft gezeugte Konventionen), andererseits heißt *Physis* das, was den Menschen umgibt, von selber schon da ist, im Gegensatz zu den Werken der *Techne. Physis* wie *Natura* sind Begriffe, die eine dynamische Komponente beinhalten. *Natura* im antiken Sinn bedurfte nicht einer pleonastischen Umschreibung im Sinne Spinozas, der zwischen *natura naturans* (die Natur als lebendige Schönheit und in schöpferischer Tätigkeit) und *natura naturata* (das von der *natura naturans* Hervorgebrachte) differenzierte. *Natura* ist das Hervorbringende, alles von der Natur Hervorgebrachte hat konsequenter- und plausiblerweise auch die Fähigkeit des Hervorbringens in sich. Binnig weist darauf pointiert hin, indem er zu bedenken gibt, daß die vielgepriesene Kreatitität des Menschen im wesentlichen „nur“ eine Nachahmungsfähigkeit des in der Natur Vorhandenen ist: „Lange bevor der Mensch die Injektion erfunden hat, hat die Natur den Giftzahn erfunden; lange bevor der Mensch die Schere erfunden hat, hat die Natur die Krebsschere erfunden.“[1] Jüngste naturwissenschaftliche Hypothesen scheinen den in der antiken Philosophie verwendeten Naturbegriff wieder zu reaktivieren.

5.2 *Natur und Selbsterkenntnis*

Cicero, de finibus 5, 24 und 41 geht davon aus, daß von der Natur jedes Lebewesen einen Selbsterhaltungstrieb mitbekommen hat, daß im Laufe der Entwicklung eines Lebewesens das naturgemäße Handeln angestrebt wird, daß aber die höchste Stufe der Entwicklung, nämlich das *secundum naturam vivere* erst langsam erreicht werden kann, da es die Natur liebt sich zu verbergen:

Omne animal se ipsum diligit ac, simul et ortum est, id agit, se ut conservet, quod hic ei primus ad omnem vitam tuendam appetitus a natura datur, se ut conservet atque ita sit affectum, ut optime secundum naturam affectum esse possit. hanc initio institutionem confusam habet et incertam, ut tantum modo se tueatur, qualecumque sit, sed nec quid sit nec quid possit nec quid ipsius natura sit intellegit. cum autem processit paulum et quatenus, quicquid se attingat ad seque pertineat, perspicere coepit, tum sensim incipit progredi seseque agnoscere et intellegere, quam ob causam habeat eum, quem diximus, animi appetitum coeptatque et ea, quae naturae sentit apta, appetere et propulsare contraria. ergo omni animali illud, quod appetit, positum est in eo, quod naturae est accommodatum. ita finis bonorum existit secundum naturam vivere sic affectum, ut optime affici possit ad naturamque accommodatissime.
(41) nunc vero a primo quidem mirabiliter occulta natura est nec perspici nec cognosci potest. progredientibus autem aetatibus sensim tardeve potius quasi nosmet ipsos cognoscimus. itaque prima illa commendatio, quae a natura nostri facta est nobis, incerta et obscura est ...

---

1 Vgl. Binnig, a.O. 17ff.
Zu den Begriffen *Physis – natura* ausführlicher Leisegang, H.: „Physis“, in: Re XX 1, 1129ff.; Bucher, Z.: Natur – Materie – Kosmos. Eine allgemeine Naturphilosophie. – St. Ottilien 1982.

Jedes Lebewesen liebt sich selbst und ist von Anbeginn auf Selbsterhaltung bedacht. Dieser Trieb ist ihm als erster von der Natur gegeben als Selbstschutz zur Bewahrung des ganzen Lebens und einer bestmöglichen Gestaltung desselben gemäß dieser seiner Naturanlage. Zunächst ist diese noch verworren und unbestimmt, nur auf Erhaltung des Zustandes gerichtet, in dem es sich jeweils befindet. Noch gibt es kein Selbstbewußtsein, keine Erkenntnis dessen, was es ist, was es vermag, was seine besondere Eigenart ist. Wenn es sich etwas weiter entwickelt und begonnen hat, einzusehen, inwieweit die Umwelt zu ihm und es zu ihr in Beziehung steht, dann schreitet es allmählich fort zur Selbsterkenntnis; es begreift, warum es jenen obengenannten inneren Trieb besitzt; es fängt an zu begehren, was es als seiner Natur gemäß empfindet, und das Gegenteilige von sich abzuwehren. Also ist für jedes Lebewesen das, was es begehrt, in dem angelegt, was seiner Natur entspricht. Somit ergibt sich als höchstes Gut, der Natur gemäß zu leben in dem bestmöglichen und der Natur angemessensten Zustand.

(41) Nun ist aber die Natur wenigstens anfangs auf wunderbare Weise verhüllt und läßt sich weder durchschauen noch erkennen. Aber mit fortschreitendem Alter kommen wir allmählich oder vielmehr nur langsam zur Einsicht in unser eigentliches Ich. Daher ist jene erste Zuneigung, die die Natur uns zu uns selbst mitgibt, nur unbestimmt und dunkel . . .[2]

Der Natur gemäß leben

a natura datur

↓

1. Selbsterhaltungstrieb: *omne animal . . . ut se conservet, ad vitam tuendam . . .*
2. Entwicklung zur Selbsterkenntnis: *(homo) coeptat et ea, quae naturae sentit apta, appetere et propulsare contraria*
3. Analogie zwischen Naturerkenntnis und Identitätsfindung:
   - *natura occulta est nec perspici nec cognosci potest*
   - *commendatio, quae a natura nostri facta est nobis, incerta et obscura est . . .*

Nach *Cicero* ist jedes Lebewesen von Anfang an auf Selbsterhaltung bedacht; dieser Trieb ist von der Natur mitgegeben als

2 Übersetzung nach *Cicero, de finibus*. Lateinisch und deutsch (eingeleitet und übersetzt von Atzert, K.). – Zürich 1964.

Selbstschutz zur Bewahrung des Lebens gemäß seiner Naturanlage: wenn sich das Lebewesen weiterentwickelt und einzusehen beginnt, inwieweit die Umwelt zu ihm und es zu ihr in Beziehung steht, schreitet es allmählich fort zur Selbsterkenntnis. Das Lebewesen beginnt, das Naturgemäße zu begehren und das Naturwidrige abzuwehren. Das Wesen der Natur ist anfangs verborgen und läßt sich nicht sofort durchschauen, erst allmählich kommt der Mensch zu dieser Erkenntnis.[3]

3 Als Ergänzung zur Thematik könnte man *Sen. epist. 90, 40–46* lesen: *Seneca* geht zunächst auf die Topoi des goldenen Zeitalters ein; anschließend auf die Menschen, die ein von Naturwidrigkeiten freies Leben führten, aber letztlich nicht weise waren. Die Menschen des goldenen Zeitalters suchten nicht nach Gold, hatten keine gestickten Kleider, warum? Aus Unkenntnis waren sie unschuldig. Es ist jedoch ein großer Unterschied, ob jemand bewußt Fehler machen will oder ob er den Fehler nicht kennt. Am Schluß stellt der Autor fest, daß man nur durch Üben und Lernen zur Tugend und somit zu einer naturgemäßen Lebensführung finden kann (vgl. *Cicero*).

6. Weltverständnis: Finalität und Kausalität

Im letzten Kapitel wurde anhand des Cicerotextes erörtert, daß der Mensch die Einsicht in die Natur lernen kann; diese Erkenntnis ist auch der Schlüssel zur Selbsterkenntnis: im Laufe der Entwicklung beginnt der Mensch das Natürliche zu begehren.

Im folgenden Kapitel geht es darum, die meist unbewußten Theorien, die unser Handeln bestimmen, zu reflektieren. Ich habe bereits darauf hingewiesen, daß EINSTEIN gesagt hat, die Theorie bestimmt, was wir beobachten. Dieser Satz ließe sich abwandeln in dem Sinne, daß wir sagen, die Theorie bestimmt, in welcher Weise wir handeln. Anders formuliert: Die Reflexion naturphilosophischer Theorien bildet den Ausgangspunkt für menschliche Verhaltensweisen.

6.1 *Die Antinomie im Weltverständnis (Einleitung)*

Zwei Momente bieten sich an, das Geschehen der Welt zu fassen. Es sind dies die Kausalität und die Finalität, eng damit verbunden ist die Frage der Determination und der Willensfreiheit des Menschen. Zur Verdeutlichung dieser beiden Aspekte ist es nötig, den weiteren philosophischen Kontext zu erörtern.

Schema: Kausalität und Finalität

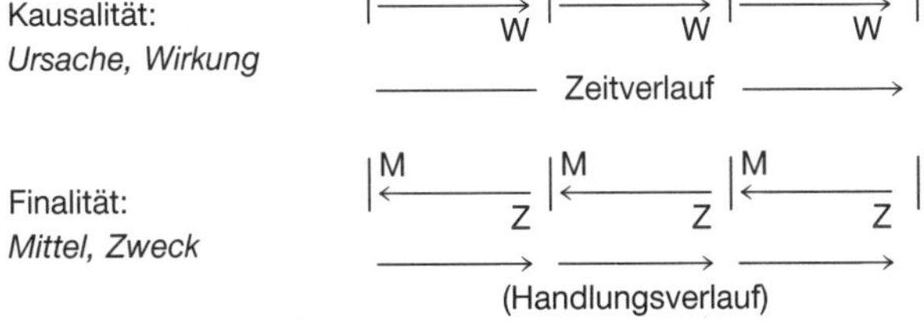

Wenn ein Handlungsprozeß in Einzelphasen zerlegt wird, dann ist für die Erfahrung zunächst das Nacheinander im Zeitverlauf erlebbar. Dieses aber gestattet zwei Interpretationen: Entweder ist das Frühere die Ursache des Späteren (= Kausalität), oder das Frühere ist im voraus durch das Spätere bedingt, das Spätere ist das Ziel des Früheren (= Finalität). Bei der Kausalität wird ein Prozeß in eine Abfolge von Ursache und Wirkung zerlegt. Bei der Finalität dagegen ist jedes Glied im Verlauf des Geschehens Zweck für das vorausgehende Mittel, das seinerseits den Zweck für das vorherige Mittel darstellt.[1]

Dazu ein Beispiel:[2] Wenn ein Stein herunterfällt und den Kopf eines Menschen zerschmettert, dann kann man das als einen Kausalvorgang interpretieren: Der Stein wurde durch irgendeine Ursache locker und fiel, dem Gesetze der Schwerkraft folgend, auf die Straße und tötete jemanden (interpretiert im Sinne der Kausalität). Der Vorgang läßt sich auch teleologisch deuten: Weil es dem Vorbeigehenden bestimmt war, an dieser Stelle zu sterben, mußte ein Stein herunterfallen, der vorher locker zu sein hatte, was wiederum andere Voraussetzungen in sich schloß. Je nachdem also deuten wir den Weltverlauf als (blinde mechanische) Kausalität oder aber als (sinnbedingte) Erfüllung vorgegebener Ziele. Ein Blick auf *Aristoteles* ist in der Fragestellung *Kausalität* und *Finalität* sinnvoll und auch didaktisch interessant. *Aristoteles* unterscheidet in der *Metaphysik* (auch in der *Nikomachischen Ethik*) drei Arten des Geschehens: Das Entstandene oder Entstehende kann von Natur aus werden, durch *Techne* oder durch Zufall. Bei all dem, was durch *Techne* geschieht, ist die Finalität für den Menschen erfahrbar, greifbar und letztlich verstehbar; entspre-

1 Vgl. Gegenschatz, E.: Zufall, Freiheit und Notwendigkeit – ein philosophischgeschichtlicher Exkurs im Kommentar des Boethius zur Aristotelischen Schrift „de interpretatione". In: Erbe, das nicht veraltet (hrsg. von Neukam, P.). – München 1979 (= Dialog Schule Wissenschaft 11), 5ff. (hier 11). Die Texte und Übersetzungen in Kapitel 6 sind überwiegend aus dem zitierten Aufsatz von Gegenschatz entnommen. Für alle, die sich mit der Thematik näher beschäftigen wollen, bietet der Text von *Boethius,* Kommentar zu *de interpretatione* des Aristoteles eine vertiefende Quelle, allerdings ist der langatmige Kommentarstil für den Schulgebrauch eher ungeeignet.

2 Vgl. Gegenschatz, a.O. 12.

chend bezeichnet man diese Art von Finalität auch als empirische Finalität:

- Der Mensch hat eine natürliche Strebensrichtung (βούλησις), die an einem Ziel orientiert ist (z. B. Gesundheit); der rationale Seelenteil, das Denken wird dadurch aktiviert und legt die Mittel (rückläufig zur Zeit) fest, die zum Ziel führen sollen; dabei wird durch das Denken (νόησις) eine von mehreren Möglichkeiten gewählt (προαίρεσις). Diese Wahl bzw. Entscheidung wird nun in die Tat umgesetzt, um zum Ziel zu gelangen; dies wird als Handlung (ποίησις) bezeichnet. Während die *Noesis* rückläufig zur Zeit steht, verläuft die *Poiesis* mit der Zeit.[3]

Schema: Wollen, Denken, Handeln

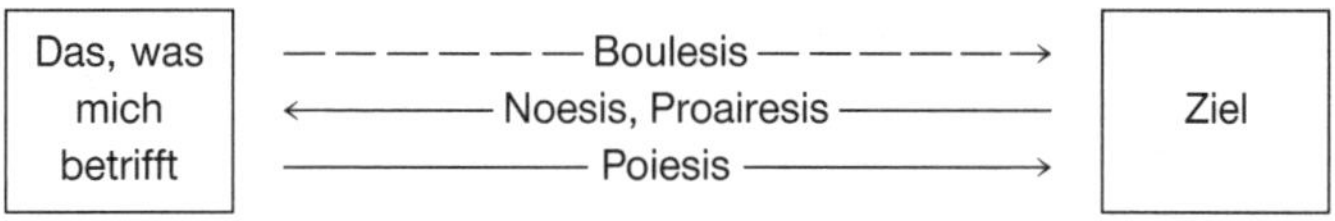

- Die *Noesis* als rückläufige Selektion der Mittel und Möglichkeiten entspricht der Finalität, während die Ausführung des Geplanten mit der Kausalität zusammenfällt. Von *Aristoteles* wird ein Geschehen final (Ziel: Denken, Entscheidung) *und* kausal (während der Handlung) erklärt.

Diese Koppelung von Finalität und Kausalität nennt man auch *empirische Finalität*. So gesehen ist die Finalität auf die Kausalität angewiesen, das ergibt die Analyse der empirischen Finalität bei Aristoteles. (Von dieser empirischen Finalität muß man die metaphysische trennen, wo Kausalvorgänge durch einen Gott, eine Vorsehung etc. ordnend antizipiert sind; diese Art von Finalität werden wir anhand eines *Cicero*-Textes genauer kennenlernen).

---

3 Vgl. GEGENSCHATZ, a.O. 14. Sehr informativ auch SPÄMANN, R./LÖW, R.: Die Frage Wozu? Geschichte und Wiederentdeckung des teleologischen Denkens. – München 1981, 27ff. (zu Platon: 27–50; zu Aristoteles: 51–78).

Das Konzept der empirischen Finalität erklärt auch plausibel die Willensfreiheit des Menschen: Neben dem Notwendigen in der Welt gibt es auch das Mögliche, das die eine oder andere Entscheidung zuläßt. Das Mögliche ist dem Notwendigen gegenübergestellt, nicht untergeordnet. Zur Frage von möglichem und notwendigem Geschehen kann man unter Berücksichtigung des Zeitfaktors folgende Hypothesen formulieren (nach *Aristoteles*):

① Die *necessaria* sind bestimmte Geschehnisse,[4] die von der Vergangenheit über die Gegenwart auch die Zukunft determinieren (z. B. ist nach *Aristoteles* ein notwendiges Geschehen die Umlaufbahn der Planeten, in aller Regel auch Naturgeschehnisse); alle regulären Naturgeschehnisse sind zweckbestimmt, was im Bereich des Lebendigen besonders signifikant hervortritt: aus Olivensamen werden Oliven, aus Vogeleiern Vögel. Die jeweilige Entwicklung ist auf das Werden eines vollständigen Exemplars der Art hin programmiert.

Schema: Determiniertheit der Geschehnisse

praeterita	praesentia	futura
necessaria ——→——→——	necessaria ——→——→——	necessaria ——→——→

② Die *possibilia* sind im Rückblick auf die Vergangenheit bestimmte Geschehnisse, im Vorblick auf die Zukunft jedoch unbestimmte Geschehnisse (z. B. nach *Aristoteles* alle Geschehnisse, bei denen Menschen mitwirken):

4 Zum Geschehen unter dem Aspekt des Zeitfaktors vgl. GEGENSCHATZ, a.O. 22.

Schema: offene Geschehnisse

praeterita	praesentia	futura
necessaria	necessaria	possibilia
		?

6.2 *Zur Frage von Notwendigkeit und Zufall*

Seneca spricht im *16. Brief an Lucilius (4–6)* vom Nutzen der Philosophie; sie allein befähigt, dem Menschen ein glückliches Leben zu verschaffen, welche Mächte auch immer in der Welt regieren:

Dicet aliquis: „Quid mihi prodest philosophia, si fatum est? Quid prodest, si deus rector est? Quid prodest, si casus imperat? Nam et mutari certa non possunt et nihil praeparari potest adversus incerta, sed aut consilium meum occupavit deus decrevitque, quid facerem, aut consilio meo nihil fortuna permittit." Quicquid est ex his, Lucili, vel si omnia haec sunt, philosophandum est: sive nos inexorabili lege fata constringunt, sive arbiter deus universi cuncta disposuit, sive casus res humanas sine ordine inpellit et iactat, philosophia nos tueri debet. Haec adhortabitur, ut deo libenter pareamus, ut fortunae contumaciter; haec docebit, ut deum sequaris, feras casum. Sed non est nunc in hanc disputationem transeundum, quid sit iuris nostri, si providentia in imperio est, aut si fatorum series inligatos trahit, aut si repentina ac subita dominantur.

Einer wird einwenden: „Was nützt mir die Philosophie, wenn es einen Geschehenszwang gibt? Was nützt sie, wenn eine Gottheit die Welt regiert? Was nützt sie, wenn der Zufall herrscht? Denn einerseits kann das, was gewiß ist, nicht geändert werden, andererseits läßt sich gegen das Ungewisse nichts vorkehren; vielmehr ist entweder Gott meiner Entschließung zuvorgekommen und hat bestimmt, was ich tun solle, oder ein blindes Geschehen überläßt nichts meinem Entschluß." Was von allem gilt, Lucilius, oder wenn das alles zutrifft, wir brauchen die Philosophie, sei es, daß uns Schicksalsfügungen mit ihrem unerbittlichen Gesetz in ihren Banden halten, sei es, daß ein Gott als entscheidende Macht im All ein jegliches geordnet hat, sei es, daß der Zufall die menschlichen Belange ohne jede Ordnung in Bewegung setzt und hin und her wirft: die Philosophie muß uns Schutz gewähren. Sie wird uns ermahnen, der

Gottheit gerne zu gehorchen, dem Geschick mit fester Haltung. Sie wird uns lehren, Gott zu folgen, den Zufall zu ertragen. Doch soll jetzt nicht auf die Frage eingegangen werden, was in unserer Macht steht, wenn eine Vorsehung an der Macht ist, oder wenn eine Schicksalskette uns fest in der Hand hat und mit sich zieht, oder wenn der Zufall des Augenblicks über uns steht.

Im Text wird in Form einer Opposition von der Frage ausgegangen, ob es eine Vorsehung gibt, die für alles Geschehen sorgt, oder ob alles zufällig entstanden ist bzw. geschieht. Wenn wir den Text analysieren, lassen sich folgende Oppositionen[5] herausarbeiten:

- *certa: fatum, deus, providentia.*
- *incerta:* alles geschieht *sine ordine, casus, fortuna, repentina ac subita.*
- Was steht in der Macht des Menschen (*quid sit iuris nostri?*), wie steht es mit dem planenden Handeln (*consilium*), wenn die Willensfreiheit durch *certa* und/oder *incerta* gefährdet ist?

Schema: notwendiges und mögliches Geschehen

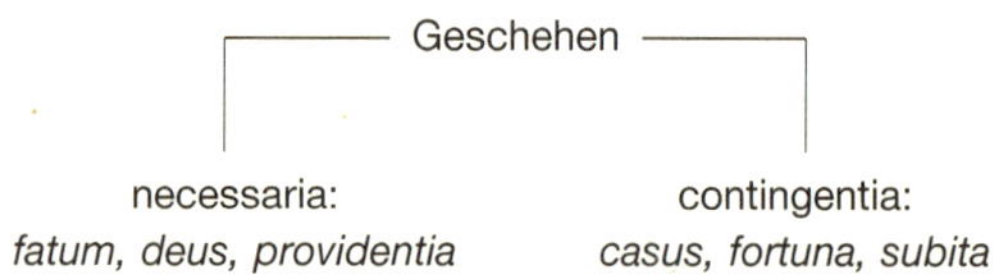

6.3 *Notwendigkeit und Zufall im stoischen Denken*

Nach der Erörterung der Problemstellung (Antinomie im Weltverständnis, die Anschauungen von Notwendigkeit und Zufall) ist es möglich, für die Fragestellung „Regiert im Bereich des Geschehens die Möglichkeit oder die Notwendigkeit?" ergänzende und differenzierende Informationen bzw. Texte anzubieten.

5 Vgl. Gegenschatz, a.O. 8f.

Die Stoiker unterschieden zwischen einem passiven Prinzip (Materie) und einem aktiven Prinzip, das die Materie gestaltet (Vernunft, logos, physis, Gott). Die göttliche Vernunft gestaltet die Natur und das menschliche Leben mit Vorsehung (pronoia). Göttliche Vorsehung bewirkt, daß der Ablauf des menschlichen Lebens vorherbestimmt ist (heimarmene, *fatum*). Überhaupt sind alle Vorgänge im Kosmos miteinander verbunden und wirken aufeinander ein, durch das Werden und Vergehen erneuert sich der Kosmos ständig, im Tode löst sich alles, auch die menschliche Seele, auf und kehrt in die spermatikoi logoi zurück, aus denen wieder Neues entsteht.
Als einziges Lebewesen besitzt der Mensch Vernunft (logos, nous). Die Vernunft soll das leitende Prinzip im Menschen sein, sie ist ein Teil der göttlichen Vernunft, durch sie ist jeder Mensch mit Gott und sind alle Menschen miteinander verwandt. Der Mensch ist demnach ein *animal rationale sociale*. Der Kosmos ist die gemeinsame Heimat von Göttern und Menschen, im Stufenbau der Natur sind die unteren Lebensformen (Stein, Pflanze, Tier) für den Menschen, die Menschen füreinander da. Der Kosmos wird betrachtet als eine große Polis, in der der Mensch Bürger ist (Kosmopolit).[6]
Cicero geht in dem Text *de divinatione I, 55, 125, 126*, auf die Funktion des *fatum* ein; sein Resumee ist die totale Kausalbedingtheit der Welt.

Fatum autem id appello, quod Graeci εἱμαρμένην, *id est ordinem seriemque causarum, cum causa causae nexa rem ex se gignat. – Ex quo intellegitur, ut fatum sit non id, quod superstitiose, sed id, quod physice dicitur, causa aeterna rerum, cur et ea, quae praeterierunt, facta sint et, quae instant, fiant et, quae sequentur, futura sint.*

Fatum aber nenne ich das, was die Griechen mit dem Ausdruck Heimarmene meinen, die Reihe und Ordnung der Ursachen nämlich, indem die eine

6 Die Einleitung zur Stoa stammt aus Dalfen, J./Lahmer, K./Sommer, G.: Griechische Philosophie. Ursprung und Grundlagen des europäischen Denkens. – Wien/München 1991, 155ff.
Zur Universalteleologie im stoischen Denken vgl. Spämann, a.O. 79ff.

Ursache an die andere geknüpft ein Ding aus sich erzeugt. – Daraus sieht man, daß fatum nicht das ist, was nach Art des Aberglaubens, sondern das, was im Sinne der Physiker so benannt wird, die ewige Ursache der Dinge, nach der das Vergangene geschehen ist, das Gegenwärtige geschieht und das Zukünftige eintreten wird.

Schema: metaphysische Finalität

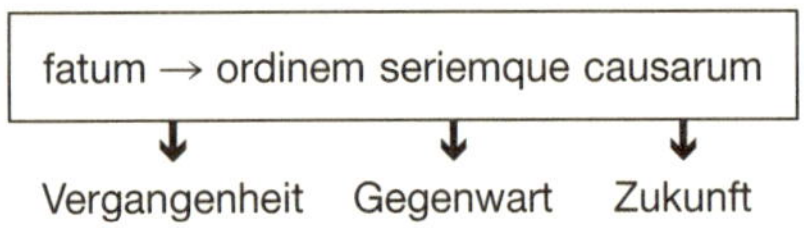

Cicero vertritt hier eine metaphysische Teleologie: die ewige Ursache der Dinge, nach der alles geschehen ist und geschehen wird. Für das Handeln ergibt sich daraus eine Ursache-Wirkungs-Kette, die vorweg determiniert ist, im Rahmen dessen es keine Abweichungen, Möglichkeiten oder Zufälle gibt. Eine derart pointierte Behauptung wirkt auf Schüler sicherlich provozierend, weil sie kontrastiv zur üblichen Denkweise heutiger Prägung steht.

6.4 *Notwendigkeit und Zufall bei Lukrez*

Das Werk des Lukrez steht in der Tradition eines Lehrgedichts. Ausgehend von Leukipp, Demokrit und Epikur werden folgende Themenbereiche behandelt: die Lehre von den Atomen als Urmaterie, aus der alle Dinge des Makrokosmos zusammengesetzt sind; die Lehre vom Leeren, in dem sich die Atome bewegen und zu größeren Komplexen sammeln; die Abweichung der Atome von ihren vorbestimmten Bahnen, wodurch u. a. auch die menschliche Willensfreiheit ermöglicht ist; die Lehre von der Seele und ihrer Sterblichkeit.

Gegen die Annahme einer metaphysischen Finalität, die konsequenterweise zur totalen Kausalbedingtheit führt, wenden sich die Epikureer, weil sie die Willensfreiheit des Menschen gefährdet sehen (*Lukrez II 251–260 und II, 216–220*):

Denique, si semper motus conectitur omnis
et vetere exoritur semper novus ordine certo
nec declinando faciunt primordia motus
principium quoddam, quod fati foedera rumpat,
ex infinito ne causam causa sequatur,
libera per terras unde haec animantibus exstat,
unde est haec, inquam, fatis avolsa voluntas,
per quam progredimur, quo ducit quemque voluptas,
declinamus item motus nec tempore certo
nec regione loci certa, sed ubi ipsa tulit mens?
Nam dubio procul his rebus sua cuique voluntas
principium dat et hinc motus per membra rigantur.

Wenn schließlich jede Bewegung immer verknüpft ist und aus der früheren stets eine neue entsteht in festgelegter Reihenfolge und die Atome nicht durch Abbiegen den Anfang einer Bewegung bewirken, der das Bündnis des Schicksals (anagke) brechen soll, damit nicht durch alle Zeiten Ursache auf Ursache folgt, wie gibt es auf Erden für die beseelten Wesen den freien Willen, wie sage ich, gibt es diesen, der dem Schicksal entwunden ist, durch den wir vorwärtsschreiten, wohin jeder Lust hat, durch den wir ebenso (wie die Atome) die Bewegungen abbiegen weder zu einem festgesetzten Zeitpunkt noch an einer bestimmten Stelle des Raumes, sondern dort, wo es uns der Sinn eingegeben hat? Denn ohne Zweifel setzt für all das einem jeden der eigene Wille den Anfang, und aus ihm ergießen sich die Bewegungen durch die Glieder.

Lukrez II, 216–220: Die Atome können von ihrer Bahn abweichen und damit eine neue Bewegung einleiten:

Illud in his quoque te rebus cognoscere avemus,
corpora cum deorsum rectum per inane feruntur
ponderibus propriis, incerto tempore ferme
incertisque locis spatio depellere paulum,
tantum quod nomen mutatum dicere possis.

Jenes mögest du, dies ist unser Wunsch, dabei auch erkennen, daß die Urkörper, wenn sie senkrecht durch den leeren Raum abwärts stürzen mit ihrem eigenen Gewicht, gewöhnlich zu unbestimmter Zeit und an unbestimmten Orten etwas von ihrem Weg abweichen, gerade so viel, daß man von einer Bewegungsänderung zu sprechen vermag.

Nach Meinung der Epikureer können die Atome von ihrer Bahn abweichen und damit eine neue Bewegung einleiten: Für das Handeln des Menschen spielt die freie Willensentscheidung die Rolle einer immer neuen Ursache. Das bedeutet einen Bruch der Determination, weil ein Abbiegen in einem bestimmten Rahmen grundsätzlich möglich ist.

Schema: Fall der Atome

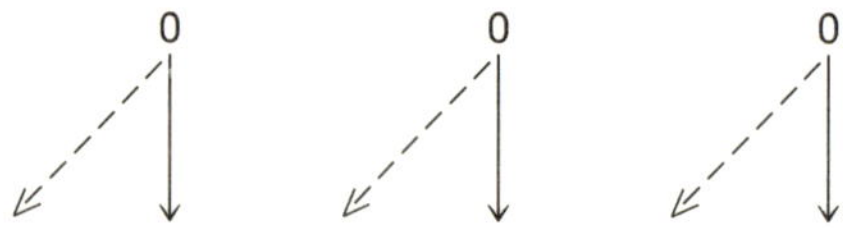

Schema: Notwendigkeit und freier Wille

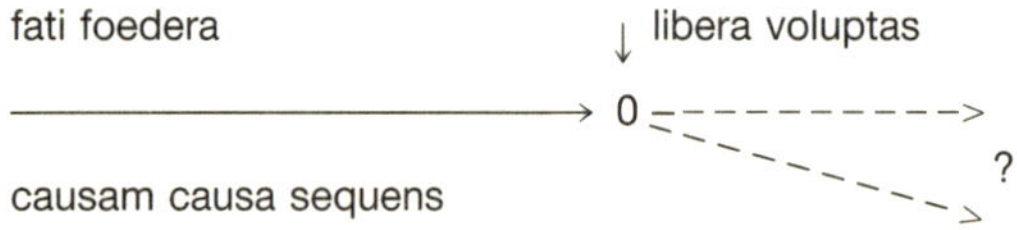

Prägnant wird der Gedanke von den gepeitschten Atomen und der daraus resultierenden Abweichung von einer vorgegebenen Bahn im folgenden Text formuliert (*Lukrez I 1021–1034*):

nam certe neque consilio primordia rerum
ordine se suo quaeque sagaci mente locarunt
nec quos quaeque ‚darent motus pepigere profecto';
sed quia multa modis multis mutata per omne
ex infinito vexantur percita plagis,
omne genus motus et coetus experiundo
tandem deveniunt in talis dispositura,
qualibus haec rerum consistit summa creata,
et multos etiam magnos servata per annos
ut semel in motus coniectas convenientis,
efficit ut largis avidum mare fluminis undis
integrent amnes et solis terra vapore
fota novet fetus summissaque gens animantum
floreat et vivant labentis aetheris ignes.

Denn sicher haben die Urstoffe der Dinge weder planvoll in gehöriger Ordnung mit scharfsinnigem Geist sich aufgestellt noch fürwahr haben sie vereinbart, welche Bewegungen sie machen sollten. In großer Zahl vielmehr, auf vielfältige Weise durch das All hin vertauscht, werden sie seit unendlicher Zeit durch Schläge gepeitscht und erproben, in Unruhe versetzt, jede Art von Bewegung und Vereinigung und kommen so endlich in solche Anordnungen, aus denen diese Summe unserer Dinge geschaffen wurde und besteht; und wenn sie, durch viele lange Jahre in Ruhe gehalten, einmal in harmonische Bewegung versetzt wurde, bewirkt sie, daß Flüsse mit reichlichen Wellen das gierige Meer ergänzen und die Erde, von der Hitze der Sonne erwärmt, ihre Frucht erneuert und das nachwachsende Geschlecht der lebenden Wesen emporblüht und die irrenden Feuer des Äthers leben.[7]

„Für Lukrez ist Wesen und Wirken der Atome zweifellos in erster Linie ein Beweis für das Walten des Zufalls, der den Atomwirbel bedingt und von der Macht der Freiheit, die sich ausdrückt in der willkürlichen Richtungsabweichung der Atome vom freien Fall in der Senkrechten. Auf diese beiden Tatsachen gründet er seine Naturphilosophie, die Trost findet und spendet, indem sie die Welt der Atome in Beziehung setzt zum menschlichen Leben: Die Autonomie des Individuums mit seinem freien Willen steht in Parallele zur Welt der Atome mit ihrer willkürlichen Richtungsabweichung von der Fallinie. Der Zufall beliebiger Atomverbindungen schafft in ständiger Erneuerung das ganze Weltall."[8]

6.5 *Die menschliche Willensfreiheit*

Nun können wir uns der Frage zuwenden, wie die Stoiker das erklären, was wir mit Zufall bezeichnen. Im Gegensatz zu *Aristoteles* und den *Epikureern* vertreten die Fundamentalisten unter den Stoikern die Ansicht, alles geschehe aus Notwendigkeit nach dem Willen der Vorsehung; sie beurteilen aber das, was aus Zufall geschieht, nicht nach dem Wesen der Zufällig-

---

7 Lukrez-Übersetzungen nach *Lukrez*, Welt aus Atomen. Lateinisch und deutsch (übersetzt von BÜCHNER, K.). – Zürich 1956.

8 Vgl. GEGENSCHATZ, a.O. 29.

keit selbst (*secundum ipsius fortunae naturam*), sondern nach unserer Unkenntnis. Das nämlich glauben sie, geschehe aus Zufall, was, obwohl es notwendig sei, dennoch von den Menschen nicht als solches erkannt werde.
Der Zufall wird von den Stoikern als dem menschlichen Erkennen verborgene Ursache definiert (*vgl. Cicero, Topica 17, 63*):

Cum enim nihil sine causa fiat, hoc ipsum est fortuna, eventus, qui obscura causa et latenter efficiuntur.

Denn da nichts ohne Ursache geschieht, ist eben das Zufall, ein Ereignis, das von einer geheimen Ursache und im Verborgenen bewirkt wird.

Für die Stoiker ist der Zufall nur erkenntnistheoretisch relevant, d. h.: Er beruht auf der mangelnden menschlichen Erkenntnisfähigkeit von Vernetzungen, die den Lauf der Dinge bestimmen, der Zufall ist eine nicht erkannte Kausalität. (Im Gegensatz dazu ist für *Aristoteles* und die *Epikureer* der Zufall durch die Struktur des Weltgeschehens begründet.)
Die Frage, ob der Mensch angesichts des *fatums* eigene Entscheidungen treffen kann oder ob durch das *fatum* alles im voraus bereits determiniert ist, beschäftigte die Stoiker ebenso wie heutige Naturphilosophen. Die „Fundamentalisten" unter den Stoikern waren überzeugt, daß alles Geschehen auf die heimarmene (*fatum*) zurückzuführen sei; auch das Denken und Wünschen des Menschen wurde unter die Kausalität des Schicksals gestellt. So gesehen ist der Mensch in seinem Handeln und Streben nichts anderes als die notwendige Voraussetzung für die kausale Aktivität des *fatums*.[9] Auch *Cicero* definierte das *fatum* – wie bereits erwähnt – als *ordo seriesque causarum* (*div. I 125*); er beschrieb das ganze Geschehen im Kosmos als ein zwangsläufiges Abwickeln eines Ankertaus (*div. I 127*).

---

9 KLINZ, A.: Lukrezens Atomlehre und die moderne Atomwissenschaft. In: AU 2 (1979), 80.

Bisher haben wir die Frage der Willensfreiheit von der Turmperspektive (also von der Theorieseite her) betrachtet. Entsprechend ergab sich folgender Schluß: Alles geschieht aus Notwendigkeit, weil der uns von der Natur gegebene Wille sich nach der Notwendigkeit richtet. Betrachtet man die Frage jedoch von der Handlungsebene, erhält auch im stoischen Denken die Willensfreiheit des Menschen eine relevante Bedeutung: das, was wir tun, geschieht von uns aus, weil der Wille selbst von uns kommt und der Natur des Lebewesens (des Menschen) entspricht.
Ein Text von Seneca (*de provid. 5, 6–7*) kann diesen Gegensatz von theoretischer und praktischer Betrachtungsebene verdeutlichen; *Seneca* spricht die bekannte Theorie der Zustimmung (*adsensio*) an:

Nihil cogor, nihil patior invitus nec servio deo, sed assentior, eo quidem magis, quod scio omnia certa et in aeternum dicta lege decurrere. Fata nos ducunt et, quantum cuique temporis restat, prima nascentium hora disposuit. causa pendet ex causa, privata ac publica longus ordo rerum trahit.

Ich werde zu nichts gezwungen, ich dulde nichts gegen meinen Willen, ich diene Gott nicht, sondern ich stimme mit ihm überein, um so mehr, als ich weiß, daß alles nach einem festen und für alle Ewigkeit gegebenen Gesetz verläuft. Das Schicksal geleitet uns, und schon die Geburtsstunde hat darüber entschieden, wieviel Zeit jedem bleibt. Eine Ursache hängt von der andern ab, das private und das öffentliche Leben steht im Schlepptau einer ununterbrochenen Ordnung.

Seneca formuliert den Gedanken in *epist. 107, 11* pointiert (in Anlehnung an den Kleanthes-Hymnos):

Ducunt volentem fata, nolentem trahunt.

Den Willigen geleitet das Schicksal, den andern schleppt es mit sich.

Die Betrachtung der Handlungsebene zeigt uns quasi die Kehrseite der Medaille zum Phänomen der Willensfreiheit (dazu v. Straaten): „Denn es läßt sich natürlich nicht leugnen, daß auch die Lebensführung der Stoiker sich faktisch ganz auf die Gewißheit gründete, daß der individuelle Mensch sein Leben großenteils selbst bestimmen könne und für sein Tun und

Treiben verantwortlich sei. Die in stoischen Schriften häufig begegnende Beschreibung des stoischen Lebenszieles (telos) als eines Lebens gemäß der kosmischen oder menschlichen Natur setzt ja voraus, daß der Mensch auch *nicht* in Übereinstimmung mit dieser Natur handeln könnte, und der ständige Ansporn zur Apatheia und zur inneren Freiheit zeigt, daß ein von Leidenschaften Sich-Hinreißen-Lassen offenbar zu den Möglichkeiten auch des stoischen Menschen gehörte und gegebenenfalls der Verantwortlichkeit des individuellen Menschen zugerechnet werden mußte."[10]
Eine noch deutlichere Richtung erhält das angesprochene Dilemma, wenn die Frage der menschlichen Erkenntnis deutlicher als bisher mitberücksichtigt wird. „Die Stoiker waren davon überzeugt, die menschliche Erkenntnis sei kein bloß passiver Vorgang: der Mensch ist ja aktiv im Erkenntnisprozesse, ist in irgendwelcher Weise tätig."[11] Dieses aktive Element im Erkenntnisprozeß ist die *adsensio*, die Zustimmung eines Subjekts, das einen Erkenntnisprozeß durchläuft. Der Vergleich mit einem Kreisel verdeutlicht das Problem: „Der Kreisel kann rotieren infolge seiner *volubilitas*, seiner Drehbarkeit: diese *volubilitas* gehört zum Wesen des Kreisels; für den Kreisel ist es ja unmöglich, nicht zu rotieren, wenn der erste Anstoß einmal gegeben ist und das Rotieren nicht gehemmt wird, d. h. der Kreisel ist von seinem Wesen her zum Rotieren determiniert."[12]
Auf den Menschen übertragen heißt das: Der Mensch kann sich innerhalb des Kosmos nur als Mensch verhalten, er ist als Mensch determiniert, zum Mensch-Sein gehört aber auch, daß er sich frei entscheiden kann im Sinne der *actio*, im Bereich des Handelns.

---

10 Vgl. v. Straaten, M.: Menschliche Freiheit in der stoischen Philosophie. In: Gymnasium (1977), 504f.
11 v. Straaten, a.O. 507.
12 v. Straaten, a.O. 513.

6.6 *Die Frage nach der Determiniertheit (aktuell)*

Die oben beschriebene Problematik von der Determiniertheit könnte man so zusammenfassen: Zielgerichtetheit ist von der Natur (vom *Fatum* oder *Logos*) grundgelegt, ebenso die Gesetzlichkeiten in der Natur und das Wesen der Dinge und Lebewesen (zu solchen Notwendigkeiten gehören beispielsweise die Umlaufbahnen der Planeten etc.), nicht determiniert ist jedoch das jeweilige Resultat menschlicher Handlungen und Aktualisierungen. Heute wird dieser Gedanke etwa so formuliert: Die Natur ist allmächtig, aber nicht allwissend.
Diese Behauptung, die Natur sei allmächtig, aber nicht allwissend, erklärt der Physiker H. P. Dürr im folgenden Text, der als aktualisierte Iteration der bisher besprochenen antiken Denkansätze verwendet werden kann:

Eine noch so genaue Beobachtung aller Fakten in der Gegenwart reicht prinzipiell nicht aus, um das zukünftige Geschehen vorherzusagen, sondern eröffnet nur ein bestimmtes Feld von Möglichkeiten, für deren Realisierung sich bestimmte Wahrscheinlichkeiten angeben lassen. Das zukünftige Geschehen ist also nicht mehr determiniert, nicht mehr festgelegt, sondern es bleibt in gewisser Weise offen. Das Naturgeschehen läuft demnach nicht wie ein mechanisches Uhrwerk ab, sondern besitzt den Charakter fortwährender Entfaltung. Die Schöpfung ist nicht abgeschlossen – sie ereignet sich in jedem Augenblick neu ...
Die Welt entspricht einem aus vielen kontinuierlichen Nylonfäden geflochtenen Nylonseil. Aus der Sicht der Quantenmechanik ist die Zukunft prinzipiell offen, prinzipiell unbestimmt. Die Vergangenheit dagegen ist festgelegt durch Fakten, die in der Gegenwart dokumentiert sind. Die Gegenwart bezeichnet den Zeitpunkt, wo Möglichkeit zur Faktizität, zur Tatsächlichkeit gerinnt. In unserem Bild vom Nylonseil entspricht dies eher einem nurmehr in die Vergangenheit sich erstreckenden Halbseil, dessen Fäden in der Gegenwart gleichsam aus einem unstrukturierten Lösungsbad herausgezogen werden, sich also gewissermaßen im jeweils gegenwärtigen Augenblick aus einer qualifizierten Unbestimmtheit neu bilden. Eine Extrapolation in die Zukunft ist in wesentlichen Teilen prinzipiell nicht möglich.[13]

---

13 Dürr, H. P.: Wissenschaft und Wirklichkeit. Über die Beziehung zwischen dem Weltbild der Physik und der eigentlichen Wirklichkeit, in: Dürr, a.O. S. 35 und 38.

6.7 *Kritik am mechanistischen Denken (aktuell)*

Ich habe versucht, den Unterschied zwischen Kausalität und Finalität zu erklären, daß Finalität immer mit Kausalität gekoppelt ist, daß dagegen Kausalität mit Finalität nicht gekoppelt sein muß. Ich habe weiters versucht, die Begriffe Notwendigkeit, Möglichkeit, Zufall und Willensfreiheit kurz zu erörtern. Wir haben sehr deutlich gesehen, daß antike Vorstellungen zum Weltverständnis (wieder) in modernen naturwissenschaftlichen Theorien in aktualisierter Form begegnen.

Ein Aspekt begegnet uns in den antiken Texten allerdings nicht, und zwar die Koppelung von Naturbetrachtung und Naturbeherrschung. Die Überlegungen dazu möchte ich kurz in Anlehnung an Spämann referieren:

① Wir reduzieren unsere Naturerkenntnis auf kausale Erklärungen: (Der Wald stirbt, weil zu viele Schadstoffe in der Luft sind). Die kausale Naturerklärung steht unter der Absicht der Naturbeherrschung (Lawinenverbauungen, Wildbachverbauungen etc.). Der Mensch hat bestimmte Absichten, und diesen Absichten wird alles andere unterworfen.

② Die kausal-mechanistischen Denkkonstruktionen, die wissenschaftlich-technokratischen Konstruktionen, die rationalen Erklärungsmodelle werden auf alle Lebensbereiche übertragen: markante Beispiele, wo bereits Kritik an diesem Denkmodell laut wird, sind der extrem lernzielorientierte Unterricht und die übertechnisierte Medizin; beiden ist gemeinsam, daß der Mensch als mehr oder weniger funktionierende Maschine interpretiert wird, nicht jedoch als wachsender Organismus.

③ Das kausal-mechanistische Weltbild ist am Eingreifen interessiert und am uneingeschränkt Fortschreitenden. Beispielsweise orientieren sich die meisten Statistiken in ihrem Primärinteresse an einer Anfangsursache und einer Bewegungsursache, nicht aber an globalen Zusammenhängen (man denke auch an Experimente).

④ Das kausal-mechanistische Weltbild übersieht, daß der

Mensch selber ein Stück Natur ist und daher jede Naturbeherrschung zugleich auch Menschenbeherrschung integriert. Diese Weltsicht degradiert den Menschen zum Objekt (Entfremdung und ihre Folgen!).

⑤ Das teleologische Weltbild (überwiegend in der Antike vertreten) kann man etwa folgendermaßen charakterisieren: Telos heißt Ziel und Grenze. Das Akzeptieren des Telos heißt dann: den Rahmen, was von Natur aus ist, ausnützen (sich entfalten). Das Telos, das Ziel (zugleich Grenze) ist eine informative Größe, es existiert im Prozeß, in der Entfaltung als eine leitende Information, nicht als determinierende Größe.

⑥ Zur Differenzierung: Wenn ich einen Naturvorgang auf seine Kausalität hin untersuche, dann kann ich aufgrund der Kenntnis des Ausgangspunkts und der Berücksichtigung der Variablen Ereignisse verändern und manipulieren (vgl. die Methodik des Experiments!).

Wenn ich dagegen davon ausgehe, daß eine bestimmte Ziel- und Grenzvorgabe in den Dingen und Handlungen steckt, so liegt das Augenmerk wesentlich auf der Betrachtungsebene. Für die Handlung wichtig ist dann aufgrund der Kenntnis die Entfaltungsmöglichkeit innerhalb des Rahmens, jedoch nicht das uneingeschränkt Fortschreitende.[14]

„Teleologie ist der Weg, wie wir aus der Kausalbetrachtung der Wirklichkeit zurückgeleitet werden zur Anschauung des Konkreten. Teleologie setzt die Kausalität voraus. Sie weist aber dieser einen bestimmten Status zu. Die Bedingung wird zum Mittel. Das Mittel ist Mittel zum Zweck. Zweck aber ist das Ganze, das die Mittel selbst umgreift und integriert.“[15]

Warum-Fragen stellen wir immer dann, wenn wir etwas Neues in das uns Vertraute integrieren möchten. Die immerwährende

---

14 Nach SPÄMANN, R./LÖW, R.: Teleologie und Interesse. In: Denkanstöße 85. Ein Lesebuch aus Philosophie, Natur- und Humanwissenschaften (hrsg. von BOHNET, H.). – München 1984 (= SP 371), 46–51.
Zum Gedanken der Grenze vgl. auch Kap. 9.4 die Überlegungen von L. Kohr.

15 SPÄMANN/LÖW, Die Frage Wozu, a.O. 296ff.

Aneignung des Fremden, das Sich-Zugehörig-Machen der Welt, nannten die Stoiker oikeiosis. Die Aneignung des Neuen, des Unbekannten ist nach teleologischem Denken geleitet durch die Betrachtung natürlicher Prozesse (ist nicht geleitet vom Eingreifen-Wollen in natürliche Prozesse). Das Interesse des teleologischen Denkens ist es, „die Natur als Vertraute so anzueignen, daß wir unsere Zugehörigkeit zu ihr realisieren können, ohne zugleich unser Selbstverständnis als handelnde Wesen aufzugeben“.[16]

16 Spämann, a.O. 23.

Didaktischer Exkurs II

Die Zusammenfassung des Kapitels möchte ich wiederum in Form eines Wertequadrats vornehmen:
Das positive Spannungsverhältnis sehe ich zwischen einem kausal-mechanistischen Weltbild, das in einem dialektischen Bezug zu einem empirisch-teleologischen Weltbild steht. Die abwertende Übertreibung wäre (auf das kausal-mechanistische Weltbild bezogen) ein mechanistisches Weltbild, das alle Lebensbereiche einschließt; damit ergibt sich eine fatale Determinierung des Menschen einerseits (Naturbeherrschung führt zur Menschenbeherrschung, der Mensch wird zum Objekt degradiert), eine fatale Wissenschaftsgläubigkeit andererseits („alles ist machbar"; diese Ideologie ist gerade für Jugendliche besonders gefährlich, weil ihnen vorgegaukelt wird, alle Probleme und Konflikte auch im zwischenmenschlichen Bereich wären mathematisch lösbar). Die abwertende Übertreibung eines empirisch teleologischen Weltbildes würde ich mit einseitigem Irrationalismus umschreiben: dazu gehören z. B. Technikfeindlichkeit, Rückzug auf das Meditieren und Vergessen auf das Handeln, eine rein metaphysische Finalität (alles ist vorherbestimmt), einseitige Überbetonung des Irrationalen und Abwertung des Rationalen als Arroganz.
Die Entwicklungsrichtung, die intentional das Unterrichtskonzept leiten könnte, wäre etwa folgendermaßen beschreibbar: Dadurch, daß Aspekte des Weltverständnisses reflektiert werden, Entfremdungserscheinungen bewußtgemacht werden, soll der Jugendliche dafür sensibilisiert werden, daß die Ideologie „alles sei machbar und beherrschbar" vor allem für komplexe Phänomene untauglich ist: besonders menschliche Probleme können nicht gelöst werden wie mathematische Aufgabenstellungen.[1] Der menschlichen Persönlichkeitsdisposition

1 Vgl. Weizenbaum, J.: Über Computer, Prognosen und Sprache. In: Das Orwellsche Jahrzehnt und die Zukunft der Wissenschaft (hrsg. von Greiff, B.). – Wiesbaden 1981, 23.

entspricht viel eher das empirisch-teleologische Weltverständnis: überschaubare Zielsetzungen fördern die Handlungsmotivation, minimalisieren Frustrationserlebnisse und schaffen auch den Freiraum für das Betrachten, das Reflektieren. Der Mensch ist ein *animal finale*, das durch den Zweck Handlungen orientiert; zu dieser Handlungsorientierung gehört auch das Akzeptieren des Ziels als Grenze. Ich frage mich, wodurch dieses Naturverständnis des Empirisch-Teleologischen vermittelt werden soll – wenn nicht (auch) durch antike Texte (wie auch SPÄMANN meint).

Schema: Wertequadrat zum Naturverständnis

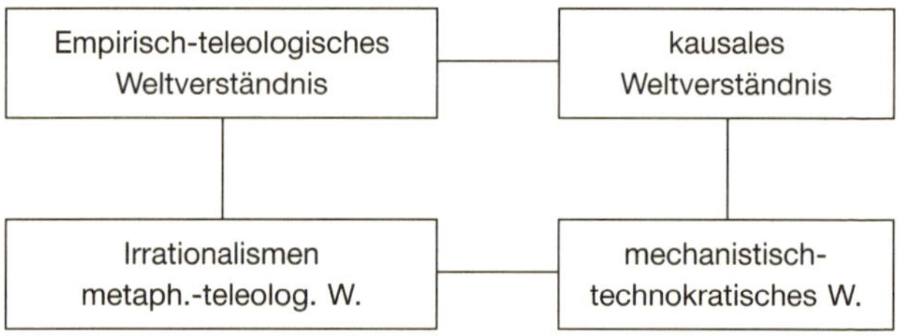

7. Ganzheitliche Naturbetrachtung

Im letzten Kapitel wurde am Beispiel der Stoa der Einfluß der Naturphilosophie auf die Ethik angesprochen, inwiefern die Willensfreiheit des Menschen angesichts eines umfassenden Logos zu verstehen ist. Eine wichtige Feststellung war, daß im Sinne der Stoa der menschliche Erkenntnisvorgang kein bloß passiver ist, sondern eine aktive Vorgehensweise. Der Mensch ist in seiner Entfaltungsmöglichkeit zwar durch das „Mensch-Sein" eingeschränkt, charakteristisch für ihn ist jedoch auch die Freiheit zur Entscheidung. Weiters wurde die Frage der Determiniertheit anhand des epikureischen Weltbildes erörtert: Die Natur ist allmächtig, insofern die Atome als Urstoffe in ihrer Entfaltungsmöglichkeit auf das Leere und die Tendenz des freien Falls hin determiniert sind, die Natur ist aber nicht allwissend, insofern willkürliche Richtungsabweichungen der Atome und der daraus resultierenden nicht vorherberechenbaren Zusammenballungen zufällig sind; so gesehen ist diese Unberechenbarkeit die Voraussetzung für die Willensfreiheit.

Im folgenden Kapitel[1] soll der Interessenshorizont der Schüler durch naturwissenschaftliche und naturphilosophische Modelle erweitert werden; es soll quasi in Form von theoretischen Überlegungen ein Gegenpol zu reinem Nutzdenken provoziert werden. Ein kurzer Rückblick auf einige Naturauffassungen der Vorsokratiker, die sehr häufig in Form von Realien im Lateinunterricht besprochen werden, kann ein wenig die ursprünglich ganzheitliche Naturbetrachtung verdeutlichen.

7.1 *Einheit in der Vielfalt*

Die ersten Philosophen, so schreibt *Aristoteles*, glaubten, es gebe jeweils einen einzigen Stoff, aus dem alle sichtbaren Gegenstände entstehen und in den sie auch wieder vergehen; es findet ein ständiger Wandel von Werden und Vergehen statt:

---

1 Diesem Kapitel liegt ein Unterrichtsprojekt zugrunde, das gemeinsam mit dem Chemiker K. Urbanek entwickelt, unterrichtspraktisch realisiert und im Rahmen von Lehrerfortbildung vorgestellt wurde. Ich danke Herrn Kollegen Urbanek für die Anregungen aus naturwissenschaftlicher Sicht.

	Urstoff (z. B. Wasser)	
Werden ↓		↑ *Vergehen*
	alle sichtbaren Erscheinungen	

Hinter diesem zyklischen Konzept, das von *Aristoteles* den ersten Naturphilosophen als charakteristisch zugeschrieben wird, steckt zunächst die Frage nach dem Ursprung; gibt es – so die Fragestellung – hinter der Vielfalt der sichtbaren Erscheinungen einen (oder wenige) Grundstoff/e, worauf sich alles rückführen läßt? Die Antwort wird spekulativ, durch einige Alltagsbeobachtungen gestützt, auf verschiedene Weise gegeben: das Wasser, die Luft, ein nicht näher bestimmtes Unbegrenztes etc. Unausgesprochen existent ist der Erhaltungssatz der Materie: Werden und Vergehen sind im eigentlichen Sinne nur Illusion, Ausdrucksweisen, die meinen, daß es Veränderungen gibt, daß es Prozesse (ein Voranschreiten) und Dynamik gibt, aber keine *creatio ex nihilo*. Aktualisierte Beispiele verdeutlichen das Prinzip des Urdualismus: beim Pendel gibt es ein *Hin und Her*, beim Gehen gibt es ein *Vorwärts (linkes Bein und rechter Arm) und Rückwärts (rechtes Bein und linker Arm)*, in der Natur gibt es ein *Wachsen und Sterben*.

Der erste Philosoph, *Thales*, der viel eher ein Praktiker und Ingenieur war als Theoretiker – so werden ihm viele nützliche Erfindungen zugeschrieben (z. B. Entfernungsmesser, um die Distanz der Schiffe von der Küste bestimmen zu können) –, konzentriert sich vorwiegend auf die Frage des Werdens *(Diels, Thales A 12)*:

Thales behauptet, das Wasser sei der Urstoff von allen Erscheinungen, weshalb er auch erklärte, die Erde schwimme auf Wasser; zu dieser Annahme kam er vielleicht deshalb, weil er beobachtete, daß die Nahrung feucht sei und selbst das Warme dadurch entstehe und dadurch eine Lebenskraft habe.

Aristoteles (von dem der Bericht stammt) ist auf viele Vermutungen angewiesen; einige plausible Schlußfolgerungen können wir jedoch anhand des Textes anstellen. *Thales* hat gesagt:

die Genesis von allen Erscheinungen sei das Wasser (alles entstehe aus Wasser). Diese Genesis, mit dem Stoff *Wasser* konkretisiert, hat jedoch nicht rein stoffliche Funktion: Wasser ist in diesem Kontext nicht H_2O, sondern ein Symbol, das allem zugrundeliegt, das ganzheitlich (materiell und geistig) zu denken ist. Das *Wasser des Thales* ist als metaphorischer Begriff zu verstehen, der über die rein chemische Determiniertheit hinausgeht, der etwas Lebensträchtiges bedeutet. Diesen Bezug zum Lebendigen, Beseelten haben wir noch in der metaphorischen Wendung „Wir glauben, in Wonne zu zerfließen" erhalten, außerdem im christlichen Bereich in Form der Taufe (Wasser als Lebensprinzip).

Dafür, daß es zur Zeit des *Thales* noch keine Trennung von Lebensprinzip und Materie gab, spricht auch die folgende Information (A 22):

Thales glaubte, daß alles voll von Göttern sei; auch habe er die Seele als Bewegungsursache betrachtet; er behauptete jedenfalls, der Magnetstein habe, weil er das Eisen bewege, eine Seele.

Die aus den griechischen Fragmenten entwickelten Gedanken können auch anhand eines lateinischen Textes erarbeitet werden:[2]

Thales enim Milesius, qui primus de talibus rebus quaesivit, aquam dixit esse initium rerum, deum autem eam mentem, quae ex aqua cuncta fingeret.

Thales von Milet, der als erster über solche Probleme Untersuchungen angestellt hat, erklärte das Wasser für den Anfang aller Dinge, zur Gottheit aber den Geist, der alles aus dem Wasser bildete.

---

2 Alle angeführten lateinischen Texte sind dem Buch von BAYER, K.: Vorsokratisches Denken in lateinischen Texten. Text- und Kommentarband. – Bamberg 1981 (= Testimonia) entnommen. Da die Texte von BAYER sehr ausführlich kommentiert sind, verzichte ich hier auf eine detaillierte Interpretation. Zur weiterführenden Lektüre sei weiters auf den Aufsatz verwiesen: BAYER, K.: Vorsokratiker im Lateinunterricht? In: Vorschläge und Anregungen (hrsg. von NEUKAM, P.). – München 1980 (= Dialog Schule Wissenschaft 13), 110–159.
Text *Cicero, de natura deorum I 25.* Übersetzung nach *M. T. Cicero,* Vom Wesen der Götter. 3 Bücher (lateinisch und deutsch, hrsg. von GERLACH, W. und BAYER, K.). – Darmstadt 1987.

7.2 *Die Welt kann verstanden werden*

Die Vorhersage der Sonnenfinsternis von 585 v. Chr. wurde als die Spitzenleistung des Thales in der Antike angesehen.[3] Anhand dieses Beispiels kann man exemplarisch zur Naturauffassung der ersten Philosophen folgendes feststellen:

- Es kann als sicher gelten, daß *Thales* die in Babylon durchgeführten Aufzeichnungen über Mond- und Sonnenfinsternisse kannte; wahrscheinlich sind durch Beobachtung von Regelmäßigkeiten Rechenmethoden zur Prognostik der Mondfinsternisse entwickelt worden. Möglicherweise hat es derartige Aufzeichnungen und Beobachtungen auch in Milet gegeben.
- Sicher ist, daß eine exakte Vorhersage mit damaligen Mitteln und Methoden unmöglich war. *Thales* konnte höchstens die Wahrscheinlichkeit einer Verfinsterung voraussagen, und dies ohne genaue Angabe des Datums (vergleichbar mit heutigen Wetterprognosen).
- *Thales* hat offensichtlich die Daten in kühner Weise verknüpft und eine Prognose gewagt, da er von dem zyklisch wiederkehrenden Ereignis überzeugt war. Ein glücklicher Zufall war es, daß seine Vorhersage tatsächlich Bestätigung fand. Den Unterschied zum mythischen Denken kann man hier gut exemplifizieren: Der mythisch Denkende interpretiert die Sonnenfinsternis als Zeichen göttlicher Macht, wovor man sich fürchten muß, das Ereignis ist für den Menschen nicht erklärbar; der begrifflich-rational Denkende erkennt die Sonnenfinsternis als natürliches Phänomen, als berechenbaren physikalischen Vorgang. „Indem die Naturforschung sich von den Banden mythologischer Vorstellungen loslöste, war der Weg für die Entwicklung der Wissenschaft als eines rationalen Systems freigelegt, und in ähnlicher Weise war die Befreiung der Wissenschaft vom Joch der

---

3 Vgl. Bayer a.O. 14.

mittelalterlichen philosophischen Dogmatik die Voraussetzung für die Entwicklung der modernen Naturwissenschaft zu einem autonomen Bereich der menschlichen Kultur."[4]

Die Grundüberzeugung, die sich in der Prognose der Sonnenfinsternis spiegelt, nämlich daß die Welt verstanden werden kann, wird auch in der folgenden Episode transparent (A 16): *Thales* nimmt als Ursache der Nilüberschwemmung die im Sommer wehenden Nordostwinde an; diese hindern den Fluß daran, sich ins Meer zu ergießen. Wir wissen, daß die gegebene Antwort aus heutiger Sicht völlig ungeeignet und unzureichend ist (die Winde bewirken Regenfälle im Quellgebiet, deshalb kommt es zu Überschwemmungen, also besteht nur ein indirekter Zusammenhang). Wichtig und überlegenswert ist jedoch folgender Aspekt: *Thales* verfügte offensichtlich über Beobachtungen (Informationen) der Nilüberschwemmung und der Nordwinde; er stellte hypothetisch eine Verbindung her. Eine Beobachtung, eine Erfahrung, die man macht, führt zu einer Hypothese; dabei kommt das „Ursache-Wirkung"-Schema zur Anwendung: Naturvorgänge werden rational erklärt, indem die Erscheinungen beobachtet und rationalisiert werden und mittels Hypothesen einer Klärung nähergebracht werden sollen. Dahinter steckt die bereits erwähnte Annahme, daß sich der Ablauf des Naturgeschehens verstehen läßt.

7.3 *Spekulationen zur Evolution*

Anaximander aus Milet war ebenso wie *Thales* ein Praktiker: er hat in Griechenland die Sonnenuhr (Gnomon) eingeführt, weiters fertigte er als erster ein Modell der damals bekannten Erde in Form einer Landkarte an. Er hat als Ursprung aller sichtbaren Erscheinungen das Apeiron (das Unbegrenzte) bestimmt. Warum er gerade dieses Prinzip wählt, begründet er folgendermaßen (A 15):

4 SAMBURSKY, S.: Das physikalische Weltbild der Antike. – Zürich 1965, 17.

Alles ist nämlich Ursprung bzw. von einem Ursprung, das Apeiron hat keinen Ursprung, sonst hätte es ja eine Grenze. Es ist ungeworden und unvergänglich, da es in irgendeiner Form ja der Ursprung ist.

Wir haben es hier mit einem spekulativen Beweis zu tun: das Apeiron als das Zugrundeliegende hat keinen Anfang, daher auch kein Ende, denn es ist ungeworden, daher auch unvergänglich. Als erster spekuliert er über ein dualistisches Urprinzip von Werden und Vergehen:

Anaximander hat das Apeiron als die Arche (Urstoff, Prinzip) aller sichtbaren Dinge bestimmt. Woraus das Werden für die sichtbaren Dinge ist, dahinein gibt es auch ein Vergehen nach der Notwendigkeit. Denn die Dinge (die entstanden sind) geben einander Strafe und Buße für ihre Ungerechtigkeit im Rahmen einer Zeitordnung (B 1).

Die Welt wird als Einheit von Werden und Vergehen verstanden; die Welt ist nichts Statisch-Gegebenes, sondern ihr Wesen ist das Neben- und Nacheinander von Werden und Vergehen. Der Ablauf des Werdens und Vergehens geschieht nach einer Notwendigkeit, d. h. es gibt eine bestimmte Regel, die über dem Prozeß des Werdens und Vergehens waltet; der Begriff chreon (Notwendigkeit) meint also das Regelmäßige in der Veränderung, in der Dynamik; im modernen Sprachgebrauch könnte man *Naturgesetzlichkeit* assoziieren. Ferner läuft der Prozeß im Kontinuum der Zeit ab: etwas entsteht und vergeht wieder – die Tatsache des Nacheinander im Rahmen der Zeit. In dieser dynamischen Wechselwirkung von Werden und Vergehen lebt das eine auf Kosten des anderen. Der Begriff adikia (Ungerechtigkeit) meint das Übergreifen in einen anderen Bereich: Jedes Werden, Sich-Entfalten, Wachsen inkludiert die „Schuld" des Übergreifens in sich, wodurch auch die tisis (Buße) im Rahmen der phthora (des Vergehens) notwendig wird.

Alles, was existiert, entstammt dem Apeiron. Durch die Genesis (das Ins-Leben-Treten) hat es das Unbegrenzte verloren, es ist in eine begrenzte Wirklichkeit getreten, man könnte es auch mit dem „Eintritt in Raum und Zeit" umschreiben; Raum und

Zeit haben einerseits die Eigenschaft, sozusagen Bühne zu sein, auf der sich alles bewegt und in Wechselwirkung steht, andererseits können Raum und Zeit als principia individuationis gelten, als Prinzip der Vereinzelung. Die Dinge (anschaulicher: die Lebewesen) liegen nun untereinander im Streit wie die Menschen vor Gericht, die dem Recht unterstellt sind. *Anaximander* sieht nun diesen ewigen zyklischen Ausgleich nicht nur im Menschenleben, sondern überträgt diesen Gedanken auf die ganze Welt. Ein entstehendes Ding macht sich schuldig, dadurch daß es von seinem Bereich in einen anderen übergreift. Dieses Schuldigwerden durch das Verdrängen des anderen, wird aufgrund des ausgleichenden Rechts durch den Untergang des Dings geahndet. E. SCHRÖDINGER formuliert dies von der Perspektive der Physik so: „Partikel jeder Art zeigen den Charakter von Wellen, und zwar um so ausgesprochener, je langsamer sie sich bewegen und je dichter sie zusammengedrängt sind, mit einem entsprechenden Verlust an Individualität."[5] Das Werden vergrößert demnach die Individualität, das Vergehen verringert sie entsprechend. Bestehen bleibt nach Ansicht des *Anaximanders* nur das Apeiron.
Als lateinische Textgrundlage wäre *Agustinus, de civitate dei VIII 2* geeignet:[6]

Huic successit Anaximander, eius auditor, mutavitque de rerum natura opinionem. Non enim ex una re, sicut Thales ex umore, sed ex suis propriis principiis quasque res nasci putavit. Quae rerum principia singularum esse credidit infinita. Et innumerabiles mundos gignere et quaecumque in eis oriuntur; eosque mundos modo dissolvi, modo iterum gigni existimavit, quanta quisque aetate sua manere potuerit.

Ihm folgte sein Schüler Anaximander, der eine andere Ansicht über die Natur der Dinge aufbrachte. Denn er war der Meinung, daß nicht aus einem einzigen Stoff, also etwa der Feuchtigkeit, wie Thales annahm, sondern aus ihren eigenen Urgründen alle Dinge entständen. Solcher Urgründe der einzelnen Dinge, wähnte er, gebe es eine unbegrenzte Menge, unzählig seien die aus ihnen hervorgehenden Welten nebst ihren Erzeugnissen. Diese Welten, so

5 SCHRÖDINGER, E.: Die Natur und die Griechen. – Wien/Hamburg 1987, 34.
6 Vgl. BAYER a.O. 15.

dachte er, lösten sich bald auf, bald entstanden sie von neuem, und jede währte eine bestimmte Zeit.

Das oben skizzierte Ordnungsprinzip von Werden und Vergehen, das zyklisch abläuft, überträgt *Anaximander* auch auf den Kosmos. So dachte er an ein Werden und Vergehen des Kosmos, daß sich ein Kosmos entwickelt, dann vergeht; aus dem Apeiron entsteht ein neuer Kosmos. Das Konzept der dynamischen Entwicklung wird auch auf die Lebewesen übertragen; er behauptete, die ersten Lebewesen seien im Meer entstanden. Dabei bediente er sich der Beobachtung versteinerter Seetiere und Muscheln; in Analogie zur Entwicklung der Insekten stellte er die Hypothese auf, die urzeitlichen Tiere entwickelten beim Übergang zum Landleben stachelige Häute, die später abfielen (vgl. A 30). *Anaximander* stellt – wie die Fragmente verdeutlichen – bereits Spekulationen zur Evolution an: es gebe Hinweise, daß sich das Leben vom Wasser aufs Land entwickelt hätte.

7.4 *Qualitäten und meßbare Quantitäten*

Anaximenes, ebenfalls aus Milet, bestimmt als Urstoff die Luft (modern ist die Behauptung in dem Sinne, daß heute statt Luft Wasserstoff oder dissoziiertes Wasserstoffgas gesagt wird; vgl. H. v. Ditfurth: Am Anfang war der Wasserstoff). *Anaximenes* argumentiert so: *Die Luft ist unbegrenzt; aus ihr ist alles entstanden, entsteht alles, wird alles entstehen.* Nun setzt in der Argumentation das ein, was wir als mechanistisches Prinzip bezeichnen: *Luft ist ein qualitätsloses Gebilde, was sich mit Hilfe des Kalten, Warmen, Feuchten und der Bewegung manifestiert; Bewegung bedeutet Veränderung. Bewegung ist ewig, infolge der Bewegung entsteht Umwandlung.* „Durch Bewegung wird das Prinzip verwirklicht, daß Qualität auf Quantität zurückgeführt werden kann, ein Grundsatz, der den Höhepunkt der gedanklichen Leistung der milesischen Schule darstellt.“[7] Die

7 Sambursky, a.O. 25.

augenscheinlichste Umwandlung der Luft geschieht nach *Anaximenes* durch Verdünnung und Verdichtung:
Verdünnt werde Luft zu Feuer (als Beispiel kann man den Blitz anführen, bei dem ein Übergang von Luft in Feuer zu beobachten sei); verdichtet tritt Luft als Wind auf, dann als Wolke, bei noch extremerer Verdichtung wird Luft zu Wasser, Erde, Stein. Wetterbeobachtungen (heiße und kalte Luft, Winde, Wolken, Regen) führten offensichtlich zu der Verallgemeinerung, daß die Materie in all ihren Erscheinungsformen nichts anderes als Luft in den verschiedenen Aggregatszuständen sei. Hier erkennen wir bereits sehr deutlich den empirischen Ausgangspunkt der Theoriebildung von flüssigem bzw. festem Aggregatszustand. Das Gesetz des Werdens wird also durch die Hypothese ausgedrückt, daß der Übergang eines Dings in einen anderen Aggregatszustand Verdichtung oder Verdünnung des Urstoffs sei. Eine wichtige Komponente der Naturphilosophie des *Anaximenes* ist – methodisch gesehen – das Verifikationsprinzip, der Respekt vor den Tatsachen der Erfahrung: *Hypothesen werden durch Beobachtungen operationalisiert*.
Die Ausgangsposition kann durch folgenden lateinischen Text grundgelegt werden:[8]

Iste Anaximenem discipulum et successorem reliquit, qui omnes rerum causas aeri infinito dedit, nec deos negavit aut tacuit; non tamen ab ipsis aerem factum, sed ipsos ex aere ortos credidit.

Er hinterließ als Schüler und Nachfolger den Anaximenes, der die Ursachen aller Dinge auf die unendliche Luft zurückführte und Götter weder leugnete noch verschwieg. Doch glaubte er nicht, daß die Luft von ihnen geschaffen sei, sondern sie seien selbst aus Luft entstanden.

Luft bedeutet (so wie bei *Thales* das Wasser) Leben:

Wie unsere Seele, behauptet Anaximenes, die Luft ist, und uns durch ihre Kraft zusammenhält, so umfaßt auch den ganzen Kosmos Atem und Luft. (B 2)

8 Vgl. Bayer, a.O. 7 und 16.

In B 2 sehen wir sehr deutlich, daß – wenngleich wir von mechanistischem Weltbild und empirisch-naturwissenschaftlichen Denkansätzen gesprochen haben – *Anaximenes* Geist und Materie als eine Einheit gedacht hat. Mit der Methode der Analogie erklärt *Anaximenes* das Prinzip „Luft“, aus dem alles entsteht und in das alles vergeht: die Seele (= die Luft) hält den Menschen wie auch den Kosmos durch ihre Kraft zusammen; Luft ist dabei nicht (nur) Materie, sondern Symbol für Leben; damit steht *Anaximenes* in der damaligen Denktradition, die sich auch in der griechischen Sprache spiegelt: die griechischen Ausdrücke für Seele (Psyche, Pneuma) heißen wörtlich *Luft, Hauch, Atem. Seele* wird bei den Griechen in Form von Bildern und Metaphern umschrieben („Man haucht das Leben aus“; oder ganz modern: Aerobic → Luft/aer, Leben/bios). Hier haben wir ein signifikantes Beispiel für den Versuch der ionischen Naturphilosophen, das vielfältig Vorhandene ganzheitlich zu erfassen, ohne Trennung von Stoff und Kraft, von Materie und Geist.

7.5 *Die Naturvorgänge sind beobachtbar*

Wenn wir aus heutiger Sicht die Leistungen der drei Milesier rekapitulieren, so liegt das Interesse von seiten der Naturwissenschaft besonders im methodischen Bereich:

Das Vertrauen in die Vernünftigkeit der Natur
Die Welt – so könnte die Grundeinstellung der ersten Naturphilosophen umschrieben werden – ist kein Tummelplatz von Göttern und Dämonen, sondern sie ist ein recht komplizierter Mechanismus, der nach bestimmten innewohnenden Gesetzen abläuft; diese Gesetzmäßigkeiten herauszufinden, war ihr Bestreben. Der Antrieb für dieses Suchen war die Neugierde, Phänomene besser als bisher zu verstehen. Damit sind zwei wichtige Schritte gesetzt: erstens die Befreiung vom Aberglauben, zweitens ist die Grundeinstellung der Naturwissenschaft

bis zum heutigen Tag gelegt, nämlich das Herausfinden der Gesetzmäßigkeiten in der Natur.

Die Differenzierung von Erscheinung und Wesen
Es wurde mehr und mehr die Frage diskutiert, wie zuverlässig unsere Sinneswahrnehmung ist. Die Milesier versuchten nun, die Erscheinungen zu rationalisieren und mittels allgemeiner Hypothesen zu erklären; dahinter steckt bereits die Differenzierung von Erscheinung und Wesen. Um dem Wesen der Welt näherzurücken, bediente man sich Theorien, Hypothesen und Modelle. Der Gedanke von Wesen und Erscheinung ist heute besonders durch die evolutionäre Erkenntnistheorie aktualisiert: LORENZ spricht von der Welt, die wir wahrnehmen, und einer Welt, die hinter der wahrgenommenen steht, einer tatsächlichen Realität. Das Bild, das wir von der (realen) Außenwelt haben, ist zwar nicht originalgetreu, aber es ist auch nicht falsch: es ist zweckmäßig.

Die Einheit in der Vielfalt
Ein weiterer großer Schritt der Milesier ist die Erkenntnis, daß die Materie (Stoff), aus der die Welt besteht, bei all ihrer unendlichen Mannigfaltigkeit doch so viel Gemeinsames hat, daß ihr eigentlicher Grundstoff ein und derselbe sein muß. Mit dieser Frage beschäftigen sich die Wissenschaften seit den VS.

7.6 *Der Logos des Heraklit*

Heraklit (540–480 v. Chr.) stammt aus Ephesos, ebenfalls in Ionien gelegen. Er ist sicherlich die eigenwilligste und schillerndste Persönlichkeit unter den VS. Er hat seine Lehre schriftlich niedergelegt. Die meisten überlieferten Fragmente sind Sätze, die für sich genommen ein geschlossenes Ganzes bilden. Ob *Heraklit* sein Buch mit einer gewissen Systematik konzipiert hat, oder ob die Fragmente nur aneinandergereiht – quasi wie in einer Spruchsammlung – publiziert waren, läßt sich aus heutiger Sicht nicht rekonstruieren. Sicher ist jedenfalls, daß sich der ursprüngliche Zusammenhang – sollte es einen solchen gegeben haben – für uns nicht wieder herstellen läßt.[9]

Feuer

Heraklit behauptet (A 5), das Feuer sei der Ursprung von allem; denn alles entstehe aus dem Feuer und alles vergehe ins Feuer. Dieser Gedanke ist uns von den Milesiern her bereits vertraut. Der Kosmos entsteht aus einem Stoff und kehrt wieder in diesen Urstoff zurück. *Heraklit* schreibt dem Feuer – expliziter als die Vorgänger – die Ursache für den doppelten Kreislauf von Werden und Vergehen zu (B 30).

Das Feuer ist auch ein Bild für Kraft und Energie (vgl. B 64: *Der Blitz steuert das Ganze*), es bildet das Zentrum der Dynamik, von dieser universellen Kraft hängen die Naturvorgänge ab. Die Milesier haben das Problem der Kraft (der Bewegungsursache) nur am Rande berührt. *Heraklit* legt nun den Schwerpunkt auf die Energie bzw. Kraft, wodurch alles in Bewegung ist; er differenziert jedoch nicht zwischen Materie/Stoff und Kraft/Energie, wie wir es gewöhnlich im Sinne der klassischen Physik zu tun gewohnt sind.[10]

Der Logos ist umfassend (B 1 und B 2)

Es gibt kaum einen griechischen Begriff, der eine solche Bedeutungsvielfalt aufweist wie der Logos. Der Begriff ist im Deutschen umschreibbar:

---

9 Lateinische Texte vgl. Bayer a.O. 21f. Verwendete Literatur: Schadewaldt, W.: Die Anfänge der Philosophie bei den Griechen. Tübinger Vorlesungen Band 1. – Frankfurt/Main 1978, 351ff.; Holz, H. H.: Heraklit, in: Exempla historica. Epochen der Weltgeschichte in Biographien Band 4. – Frankfurt/Main 1985, 41ff.

10 Seit der Relativitätstheorie und Quantentheorie (Einstein, Heisenberg) wissen wir, daß die Trennung zwischen Materie und Energie zumindest im subatomaren Bereich problematisch ist: Die subatomaren Einheiten zeigen eine doppelte Natur; je nachdem wie wir sie betrachten, erscheinen sie einmal als Teilchen (Materie), einmal als Wellen (elektromagnetische Schwingungen).

- der Logos ist das Sein: darunter ist zu verstehen die Wirklichkeit, die hinter den Erscheinungen steht;
- der Logos beschreibt die Gesetzmäßigkeit der Wirklichkeit, das umfassende Weltgesetz, die allgemein-gültige Weltvernunft, z. B. die strukturelle Gesetzmäßigkeit von Werden und Vergehen, von Leben und Sterben.
- der Logos ist auch das Denken und Sprechen eines Menschen, z. B. die Aufzeichnungen des *Heraklit.* Logos beinhaltet also auch das subjektive bzw. intersubjektive Element menschlicher Interaktion.

Ähnlich vieldeutig wie der Begriff sind auch die Fragmente zum Logos; ich schlage folgende deutsche Umschreibung vor (ohne auf Details zu verweisen):

B 1: Dem Logos gegenüber, der immer existiert, verhalten sich die Menschen zu allen Zeiten unverständig, sowohl bevor sie das von mir Aufgeschriebene gehört haben, als auch sobald sie es gehört haben.
B 2: Deshalb ist es nötig, dem Allgemeinen/Gemeinsamen zu folgen. Obwohl aber der Logos allgemein ist, leben die Menschen, als ob sie eine private/individuelle Einsicht hätten.

Logos ist ein multifunktionaler Begriff, der impliziert, daß er in unserem Denken, in unserer Sprache, in der gesamten Realität wirksam ist:

- Der Logos existiert immer, gemäß dem Logos (in Übereinstimmung mit ihm) entsteht alles; der Logos ist auch allgemein-umfassend;
- der Logos ist mitteilbar (die Ausführungen *Heraklits*);
- die Mehrzahl der Menschen erweisen sich im Umgang mit dem Logos unverständlich, obwohl der Logos gemeinsam ist (alle Menschen haben am Logos Anteil).

Gegensätze und Einheit

„Quintessenz des herakliteischen Logos ist die Überzeugung, daß alles eins ist. Diese Einheit wird näher expliziert als eine Einheit von Gegensätzen. Alles, was es gibt, kann anhand von aufeinander bezogenen Gegensätzen expliziert bzw. auf solche

Gegensätze reduziert werden."[11] *Heraklit* thematisiert für den Menschen scheinbare Gegensätze wie Leben ~ Tod, sterblich ~ unsterblich, Werden ~ Vergehen, Wachendes ~ Schlafendes als Bilder eines dynamischen Gleichgewichts; alles ist in dauerndem Wandel, trotzdem gibt es so etwas wie eine relative Stabilität: was nämlich im ständigen Wandel bestehen bleibt, sind stabile Proportionen. Der Tod ist nach *Heraklit* kein aufhörendes Leben, sondern ein umgekipptes Leben, und das Leben ein umgekippter Tod. Aus Leben und Tod besteht das, was wir mit Wirklichkeit bezeichnen können, das was hinter den Erscheinungen Realität ist:

B 88: Dasselbe ist Lebendes und Totes, Wachendes und Schlafendes, Junges und Altes; denn dies schlägt um und ist jenes, jenes wiederum schlägt um und ist dieses.

Der Umschlag vom einen zum andern gehört zu ein und derselben Wirklichkeit. Ein Berg vor unserem geistigen Auge sieht auf der einen Seite mächtig, felsig, steil aus, auf der anderen Seite flach ansteigend, einladend zum Wandern; entgegengesetzte Perspektiven, die zu ein und demselben Berg gehören; was wir wahrnehmen, hängt von der Perspektive ab – einmal das Felsige und Steile, einmal das Flache, ein anderes Mal (von der Vogelperspektive) den Berg in seiner Gesamtheit. Die Gegensätze weisen eine Identität auf; das Umschlagen oder Umkippen ist es, das die Gegensätze zur Einheit verbindet. Die Gegensätze und Polaritäten sind perspektivisch bedingt.

Das Denken in aufeinander bezogenen Polaritäten und Gegensätzen hat auch eine psychologische Seite:

B 111: Krankheit macht Gesundheit angenehm und gut, Hunger die Sattheit, Mühe die Ruhe.

Ohne den Kontrast würden wir die Gesundheit als etwas Selbstverständliches ansehen; erst die Krankheit macht die

---

11 Mansfeld, J.: Die Vorsokratiker I. Griechisch – Deutsch. – Stuttgart 1983 (= Reclam 7965), 232f.

Gesundheit zu einem Wert. K. LORENZ sieht im Kontrasterleben eine wichtige menschliche Sensibilisierungsfunktion: er konstatiert als eine der Todsünden der zivilisierten Menschheit den Schwund aller starken Gefühle; Pharmakologie fördere die Intoleranz gegen alles im geringsten Unlust Erregende. „Damit schwindet die Fähigkeit der Menschen, jene Freude zu erleben, die nur durch herbe Anstrengung beim Überwinden von Hindernissen gewonnen werden kann. Der naturgewollte Wogengang der Kontraste von Leid und Freude verebbt in unmerklichen Oszillationen namenloser Langeweile.“[12] Das Durchleben von Kontrasten, das Akzeptieren von Widersprüchen gehört zur *conditio humana*, zu den menschlichen Grundbedingungen.

Die Einheit der Welt ist eine Einheit von Gegensätzen. Das Viele, die Polaritäten sind auf das Reich der Erscheinungen, auf die menschliche Wahrnehmung beschränkt; die Polaritäten sind aber für die Menschen nicht Schein, sondern sie sind zweckmäßig und notwendig (vgl. B 111). Die Gegensätze sind immer auf die Einheit hin bezogen. Entscheidend für das Verständnis ist die Reflexion der Perspektive; sie macht anschaulich, daß Gegensätze zu einer einheitlichen Wirklichkeit gehören: Gegensätze schließen sich nicht aus, sie sind komplementär aufeinander bezogen.

Die Lehre von der ewigen Wiederkehr

F. NIETZSCHE rezipierte vor allem die Gedanken vom ewigen Fluß (alles fließt; wir steigen nicht zweimal in denselben Fluß etc.) und von der ewigen Wiederkehr; dazu als Beispiele zwei Zitate: NIETZSCHE legt *Heraklit* in den Mund:

Ich sehe nichts als Werden. Laßt euch nicht täuschen! In eurem kurzen Blick liegt es, nicht im Wesen der Dinge, wenn ihr irgendwo festes Land im Meere des Werdens und Vergehens zu sehen glaubt. Ihr gebraucht Namen der Dinge, als ob sie eine starre Dauer hätten: aber selbst der Strom, in den ihr zum zweiten Mal steigt, ist nicht derselbe wie bei dem ersten Mal.“

12 LORENZ, K.: Die acht Todsünden der zivilisierten Menschheit, a.O. 107.

Ähnlich S. 172: „Die unmittelbare Selbstbeobachtung reicht lange nicht aus, um sich kennen zu lernen: wir brauchen Geschichte, denn die Vergangenheit strömt in hundert Wellen in uns fort; wir selber sind ja nichts als das, was wir in jedem Augenblick von diesem Fortströmen empfinden. Auch hier sogar wenn wir in den Fluß unseres anscheinend eigensten und persönlichsten Wesens hinabsteigen wollen, gilt Heraklits Satz: man steigt nicht zweimal in denselben Fluß."

(S. 182): „Diese Welt: ein Ungeheuer von Kraft, ohne Anfang, ohne Ende, eine feste, eherne Größe von Kraft, welche nicht größer, nicht kleiner wird, die sich nicht verbraucht, sondern nur verwandelt, als Ganzes unveränderlich groß, vom *Nichts* umschlossen als von seiner Grenze, als Spiel von Kräften und Kraftwellen zugleich. Eins und Vieles, hier sich häufend und zugleich dort sich mindernd, ein Meer in sich selber stürmender und flutender Kräfte, ewig sich wandelnd, ewig zurücklaufend mit ungeheuren Jahren der Wiederkehr, mit einer Ebbe und Flut seiner Gestaltungen, aus den einfachsten in die vielfältigsten hinaustreibend, aus dem Stillsten, Starrsten, Kältesten hinaus in das Glühendste, Wildeste, Sich-selber-Widersprechendste, und dann wieder aus der Fülle heimkehrend zum Einfachsten, aus dem Spiel der Widersprüche zurück bis zur Lust des Einklangs, sich selber segnend als das was ewig wiederkommen muß, als ein Werden, das kein Satt-werden, keinen Überdruß, keine Müdigkeit kennt ..."[13]

7.7 *Interesse an den Methoden*

Es stellt sich die Frage, was wir aus heutiger Sicht bei der Beschäftigung mit den Vorsokratikern im Verhältnis „Natur – Mensch" lernen können. Die Wurzeln der modernen Naturwissenschaft reichen – so behauptet der Physiker S. SAMBURSKY – in die Antike, insofern die grundlegenden Prinzipien der wissenschaftlichen Methodik, wie sie heute noch gelten, von den VS entdeckt wurden:

- Versuch einer Rationalisierung der Erscheinungen und ihrer Erklärung aus allgemeinen Hypothesen: Eine der Hauptbestrebungen der frühen griechischen Philosophie war es, Na-

13 Zit. aus HÖLSCHER, U.: Die Wiedergewinnung des antiken Bodens. Nietzsche und Heraklit, in: Aktualität der Antike. – Göttingen 1979 (= Neue Hefte für Philosophie 15/16), 165f.

turvorgänge, die vorher mythologisch gedeutet wurden, rational zu erklären.

- Anwendung des wissenschaftlichen Prinzips, das ein Maximum von Erscheinungen mit einem Minimum an Hypothesen erklären will: Das anschaulichste Modell bietet *Anaximenes* mit der Rückführung der Qualitäten auf die Quantitäten der Verdichtung bzw. Verdünnung.
- Gesetz von der Erhaltung der Materie: Wenn nämlich eine einzige Substanz allen Veränderungen physikalischer Phänomene zugrunde liegt, dann sind Werden und Vergehen eigentlich nur Illusion; weiters ist die Schöpfung aus dem Nichts genauso undenkbar wie die Vernichtung des Bestehenden. Man könnte heute diesen Erhaltungssatz auch aktualisieren als Erhaltungssatz des Mülls; solange Müll erzeugt wird, wird er höchstens verändert und umgeschichtet werden können, aber niemals beseitigt.
- Erfindung des wissenschaftlichen Modells: Je komplizierter Sachverhalte sind, desto wichtiger ist für die Verständlichkeit die Reduzierung auf ein für Menschen überschaubares Maß; der Globus, Landkarten, Abbildungen, aber auch Experimente erfüllen derartige Funktionen, sie beschäftigen sich in aller Regel nur mit einem kleinen Ausschnitt der Wirklichkeit.

7.8 *Interesse am ganzheitlichen Denken*

Im 20. Jh. gibt es eine ganzheitliche naturwissenschaftliche Rezeption der VS, eingehend auf existentielle Fragen der heutigen Menschheit. Der österreichische Nobelpreisträger für Physik E. SCHRÖDINGER hat in den 50er-Jahren ein Buch publiziert mit dem Titel „Die Natur und die Griechen". Ausgehend von den Denkansätzen der VS umreißt Schrödinger die Ursprünge des abendländischen Denkens und stellt der intuitiven, spekulativen und ganzheitlichen Weltschau der Griechen das in zahlreiche Fachdisziplinen aufgesplitterte mechanistische

Weltbild der Gegenwart gegenüber. Das folgende Zitat zeigt die Intention SCHRÖDINGERS:

„Kaum die nackte Fortdauer, geschweige denn den ständigen Fortschritt des Menschengeschlechts hält man für gewährleistet. Persönliches Unglück, begrabene Hoffnungen, drohendes Elend, fehlendes Zutrauen zur Klugheit und Redlichkeit der Regierenden erwecken die Sehnsucht nach einer, wenn auch vagen, nicht völlig beweisbaren Hoffnung, daß unsere Welt oder unser Leben in einen größeren Zusammenhang eingebettet ist, dem eine tiefere, für uns unerforschliche Bedeutung zukommt. Aber da stehen wir vor der Wand, welche die beiden Wege scheidet, den des Herzens und den des reinen Verstandes. Unser Blick gleitet zurück, die Mauer entlang: können wir sie nicht niederreißen, ist sie von jeher dagewesen? Wenn wir ihre Windungen über Hügel und Täler in der Geschichte zurückverfolgen, so leuchtet uns ein fernes, fernes Land, über einen Zeitraum von mehr als zweitausend Jahre entfernt, wo die Mauer sich verflacht und verschwindet und der Weg noch nicht geteilt, sondern bloß *einer* war. Einige von uns halten es der Mühe wert, zurückzugehen und zu sehen, ob sich aus dieser verlockenden ursprünglichen Einheit nicht einiges lernen läßt.“[14]

Der Gedanke des „Rückwegs“ ist so zu verstehen, daß dieser Ursprung der abendländisch-europäischen Kultur uns in aller Klarheit, ohne von Rezeptionen überlagert zu sein, bei den VS begegnet. SCHRÖDINGER spricht in dem zitierten Text von der verlockenden ursprünglichen Einheit und meint damit die Einheit von Mensch und Natur, die Einheit von Verstand und Gefühl. Differenzierter formuliert heißt das: Für uns Menschen des 20. Jh. erscheint das Denken und Handeln der Griechen des 6. Jhs. als ein einheitliches; tatsächlich ist es aber so, daß gerade durch diesen rationalen Denkaufbruch der VS der Grundstein für alle weiteren analytischen, mechanistischen und fachspezifischen Denkmodelle gelegt wurde. Sie stiften die Entzweiung mit der Natur in den Übergang zur Befreiung des Menschen von Naturgewalten und Aberglauben. Der Mensch wurde sich im 6. Jh. mehr und mehr bewußt, sich trotz Hinfälligkeit und Ausgeliefertheit an die Natur als Mensch zu behaupten. Primär ging es bei den Griechen im 6. und 5. Jh.

---

14 SCHRÖDINGER, a.O. 27.

darum, die Natur zu erklären, sekundär sie durch die Erklärung auch zu beherrschen. Heute hat sich das Gewicht verlagert: Erklärungen zu Natur und Naturerscheinungen haben fast ausschließlich den Charakter der Naturbeherrschung zum Ziel. Wir müssen uns also bewußt sein, daß auch der Aspekt der Naturbeherrschung durch den Menschen seinen Ursprung bei den VS hat, ebenso wie die ungeheuren technologischen Fortschritte.

Neue Aktualität erfährt das ganzheitliche Denken der Vorsokratiker durch die Rezeption in Büchern, in denen das mechanistische und technokratische „Maschinenmodell vom Menschen" kritisiert wird. Als Beispiel für dieses „New-age-Denken" referiere ich kurz die Weltbilddifferenzierung nach F. CAPRA[15]:

Die vielschichtige Kulturkrise in der heutigen Zeit ist nach CAPRA nur zu analysieren und zu verstehen, wenn man sich einen Überblick verschafft über globale gesellschaftliche und historische Entwicklungen. Aus dieser Perspektive erscheint dann Krise als ein Aspekt der Umwandlung, als Gefahr und Chance. Es scheint Hinweise dafür zu geben, daß die Manifestationen der Wirklichkeit von der dynamischen Wechselwirkung zwischen polaren Kräften erzeugt würden. In der chinesischen Philosophie heißen diese polaren Kräfte *Yin und Yang*, bei *Heraklit* findet sich ebenfalls dieser Urdualismus als *Einheit der Gegensätze. Empedokles* führte die Veränderungen des Universums auf die Zu- und Abnahme der Kräfte *Liebe und Haß* zurück.

Das harmonische Gleichgewicht komplementärer Pole wurde in unserer Kultur u. a. durch die Überbetonung des rationalen Denkens gestört. Der Satz *Cogito, ergo sum* ermutigte die abendländischen Menschen, sich mit dem Verstand zu identifizieren und nicht mit dem gesamten Organismus. Die Spaltung von Geist und Materie führte dazu, das Universum als ein

15 Vgl. CAPRA, F.: Wendezeit. Bausteine für ein neues Weltbild. – Bern u. a. 1982.

mechanisches System zu sehen, das aus getrennten Objekten besteht, die ihrerseits auf die Bausteine der Materie zu reduzieren sind. Diese kartesianische Vorstellung von der Natur ist der Schlüssel für alle folgenden Ausbeutungstendenzen: Die Natur wurde als Maschine, nicht als lebender Organismus angesehen.

Im 16. Jh. begann die wissenschaftliche Revolution: GALILEI verknüpfte wissenschaftliche Experimente mit der Anwendung mathematischer Sprache, um die von ihm entdeckten Naturgesetze zu formulieren. Die Folge war, daß man sich mit Quantitäten beschäftigte, mit Meßbarem wie Formen, Zahlen und Bewegung; andere Eigenschaften wie Farbe, Klang, Geschmack wurden als subjektive Projektionen des Geistes abgetan und aus der Wissenschaft ausgeschlossen: GALILEI lenkte die Aufmerksamkeit der Wissenschaftler auf quantifizierbare Eigenschaften der Materie.

Die kartesianische Trennung von Geist *(res cogitans)* und Materie *(res extensa)* hat das abendländische Denken tief beeinflußt. Das materielle Universum war nichts als eine Maschine, in der Materie gab es weder Sinn noch Leben noch Spiritualität; die Natur funktionierte nach mechanischen Gesetzen. Dadurch schwanden alle kulturellen Hemmungen: die Natur wurde ausgebeutet, der Mensch in der Medizin beispielsweise als Ersatzteillager angesehen.

F. BACON formulierte wohl am prägnantesten den Gedanken, daß Wissenschaft dem Zwecke der Naturbeherrschung zu dienen habe: Wissen ist Macht – *Tantum possumus, quantum scimus*. Dadurch wird die Natur zum Labor experimenteller Tätigkeit:

> Wie man nämlich den Charakter eines Menschen nicht gut kennen oder prüfen kann, bevor man ihn nicht gereizt hat . . . so offenbart sich auch die durch Kunst gereizte und geplagte Natur deutlicher, als wenn sie frei sich selbst überlassen wäre.[16]

---

16 BACON, F.: Über die Würde und den Fortgang der Wissenschaften, zit. nach HAHN, R. u. a.: Naturdeutungen und Naturbeherrschung. – Düsseldorf 1983, 113.

Das mechanistische Weltbild ist am Beginn des 20. Jhs. durch die Quantenmechanik und die Relativitätstheorie erschüttert worden:
Das Universum wird nicht mehr als Maschine betrachtet, sondern muß als unteilbares Ganzes beschrieben werden, dessen Teile in Wechselbeziehungen stehen und nur als Strukturen eines Vorgangs von kosmischen Dimensionen verstanden werden können.
Die subatomaren Einheiten der Materie sind sehr abstrakte Gebilde mit einer doppelten Natur. Je nachdem wir sie ansehen, erscheinen sie manchmal als Teilchen, manchmal als Wellen. Diese Doppelnatur zeigt auch das Licht, das als elektromagnetische Schwingung oder als Teilchen auftreten kann. Ein Elektron ist weder ein Teilchen noch eine Welle, aber es kann in einigen Situationen teilchenähnliche Aspekte haben und in anderen wellenähnliche. Das bedeutet, daß weder das Elektron noch ein anderes atomares Objekt innerliche Eigenschaften besitzt, die von seiner Umwelt unabhängig sind. Seine Eigenschaften hängen von der Wechselbeziehung ab! Subatomare Teilchen haben als isolierte Einheiten keine Bedeutung, ihre Bedeutung hängt von den Verknüpfungsstrukturen ab.
Diese Verlagerung von Objekten zu Zusammenhängen hat weitreichende Implikationen für die Wissenschaften insgesamt, z. B. daß der Forscher für das Erforschte auch moralisch verantwortlich ist; das Erforschte läßt sich nicht ohne weiteres vom Forscher trennen.
Die Vorstellung vom Universum als einem ineinander verwobenen Netz von Zusammenhängen ist eines der großen Themen der modernen Physik, das andere Thema ist die Erkenntnis, daß das kosmische Gewebe von Natur aus dynamisch ist: die Existenz der Materie kann nicht von ihrer Aktivität getrennt werden (vgl. die ganzheitliche Naturauffassung der Vorsokratiker). In der Natur gibt es keine statischen Strukturen, es gibt zwar eine Stabilität, jedoch eine Stabilität dynamischen Gleichgewichts (vgl. *Heraklit*); je tiefer wir in die Materie

eindringen, desto mehr müssen wir die dynamische Natur begreifen, um ihre Strukturen zu verstehen. Die Quantentheorie hat gezeigt, daß subatomare Teilchen nicht einzelne Körnchen von Materie sind, sondern Wahrscheinlichkeitsstrukturen, Zusammenhänge in einem unteilbaren kosmischen Gewebe, das den menschlichen Beobachter und sein Bewußtsein mit einbezieht.[17]

---

17 Vgl. v. Weizsäcker, K. F.: Zum Weltbild der Physik. – Stuttgart 1976.
Vertreter eines New-Age-Denkens übertragen (relativ undifferenziert) Beobachtungen aus dem mikrokosmischen Bereich auf den Bereich des Meso- und Makrokosmos. Physiker traditioneller Prägung stellen dagegen fest, daß eine derartige Analogie fragwürdig sei.

8. Forschungsdrang – unsicheres Wissen

Insbesondere ökologische und kybernetische Einsichten gaben den Anstoß, Natur als ein sich selbst organisierendes System zu betrachten. Ganzheitliche Naturauffassungen werden heute sehr oft in fernöstlichem Denken gesucht, für Europäer ist jedoch dieses Denken meist schwer nachvollziehbar. Die Vorsokratiker hatten ebenfalls ein ganzheitliches Naturerfassen: ganzheitlich im Sinne einer Einheit von Stoff und Geist, ganzheitlich auch in dem Sinne, daß ihre Naturspekulationen wegen des engen Bezugs zur lebensweltlichen Erfahrung in einem genetischen Zusammenhang mit dem durch alltägliche Erfahrung erworbenen Wissen standen.

Im folgenden Kapitel geht es um die Wißbegierde des Menschen und der daraus resultierenden Neugierde, die Wirklichkeit hinter den Erscheinungen kennenzulernen. Fragen zur Naturerkenntnis sollen angeregt werden, zugleich aber auch die Unsicherheit menschlicher Erkenntnis, komplexe Systeme zu verstehen, dargestellt werden.

8.1 *Denken durchbricht die Grenzen des Sichtbaren*

In der folgenden Textstelle *(Seneca, ad Serenum de otio 5,1–6)* wird zwischen der *vita contemplativa* und *vita activa* differenziert, wobei *Seneca* folgendermaßen argumentiert: Wie es nämlich das höchste Gut sei für den Menschen, im Einklang mit der Natur zu leben, so habe diese Natur den Menschen nicht nur für das Handeln, sondern auch für das Betrachten geschaffen; da jeder Forscher den Drang verspüre, seine Erkenntnisse wieder dem Leben nutzbar zu machen, sei doch auch mit jeder Spekulation eine Aktion verbunden:

Solemus dicere summum bonum esse secundum naturam vivere: natura nos ad utrumque genuit, et contemplationi rerum et actioni. Nunc id probemus, quod prius diximus. Quid porro? Hoc non erit probatum, si se unusquisque consuluerit, quantam cupidinem habeat ignota noscendi, quam ad omnes fabulas excitetur? Navigant quidam et labores peregrinationis longissimae una mercede perpetiuntur cognoscendi aliquid abditum remotumque. Haec res ad spectacula populos contrahit, haec cogit praeclusa rimari, secretiora exquirere, antiquitates evolvere, mores barbararum audire gentium. Curiosum

nobis natura ingenium dedit et artis sibi ac pulchritudinis suae conscia spectatores nos tantis rerum spectaculis genuit.
Ut scias illam spectari voluisse, non tantum aspici, vide quem nobis locum dederit: in media nos sui parte constituit et circumspectum omnium nobis dedit; nec erexit tantummodo hominem, sed etiam habilem contemplationi factura, ut ab ortu sidera in occasum labentia prosequi posset et vultum suum circumferre cum toto, sublime fecit illi caput et collo flexili imposuit; deinde sena per diem, sena per noctem signa perducens nullam non partem sui explicuit, ut per haec, quae obtulerat oculis eius, cupiditatem faceret etiam ceterorum.
Nec enim omnia nec tanta visimus quanta sunt, sed acies nostra aperit sibi investigandi viam et fundamenta vero iacit, ut inquisitio transeat ex apertis in obscura et aliquid ipso mundo inveniat antiquius: unde ista sidera exierint; quis fuerit universi status, antequam singula in partes discederent; ... an illud verum sit, quo maxime probatur homines divini esse spiritus, partem ac veluti scintillas quasdam astrorum in terram desiluisse atque alieno loco haesisse.
Cogitatio nostra caeli munimenta perrumpit nec contenta est id quod ostenditur scire ...[1]

Gewöhnlich drücken wir uns so aus: Das höchste Gut sei ein Leben, das im Einklang mit der Natur steht. Die Natur aber gab uns eine doppelte Bestimmung: zur Weltbetrachtung wie zum Tätigsein. Das Erstgenannte wollen wir auch zuerst untersuchen. Wie soll das geschehen? Wird sich das nicht von selbst erweisen, wenn jeder sein Inneres befragt über seinen Drang, unbekannte Dinge kennenzulernen, über seine Erregung bei jedem abenteuerlichen Bericht? Da fahren die einen zur See, nehmen die Strapazen einer überlangen

1 Einige Texterklärungen: Seneca spricht mit *solemus* die Stoiker an, nach deren Meinung die menschliche Seele ein Ausfluß des Göttlichen ist, wie die Gottheit in der Natur wirke, so sei das naturgemäße Leben auch Aufgabe des Menschen (vgl. die bereits angesprochene Analogie zwischen Makro- und Mikrokosmos). *contemplatio und actio:* diese beiden Begriffe charakterisieren Streitpunkte zwischen Stoikern und Epikureern; Der Stoiker verlangt ein tatkräftiges Eingreifen und Handeln auch in der Öffentlichkeit; nur wenn äußere Umstände daran hindern, sei ein Rückzug in das otium zu billigen. Mit *sena signa* sind die jeweils 6 Sternbilder, die zusammen den Tierkreis bilden, gemeint; von diesem steigen je 6 Bilder am Tag und 6 bei Nacht über den Horizont herauf und sind sichtbar. *alieno loco* Die Anschauung, daß die menschliche Seele Teil des göttlichen, als Ausfluß oder Funke des göttlichen Urfeuers (*ignis caelestis*) göttlichen Ursprungs sei, die Menschen also gewissermaßen Kinder Gottes und alle Menschen quasi Brüder seien, bringt ja Seneca in die Nähe der Christen. Die Erklärungen sind entnommen: Lateinische Reifeprüfungen an Gymnasien mit Latein als 1. Fremdsprache (hrsg. von THALER, O.). – Bamberg 1975 (= Kleine Schriften zu Erziehung und Unterricht 4), Kommentar 50f.
Übersetzung nach *Seneca*, Von der Seelenruhe (hrsg. von BERTHOLD, H.). – Leipzig 1980.

Reise auf sich, nur um Verborgenes und Entlegenes kennenzulernen. Dieser Drang lockt alle Welt zu Sehenswürdigkeiten, drängt dazu, Verschlossenes zu erforschen, Geheimnisse zu ergründen, Altertümer ans Licht zu holen, von den Sitten wilder Völker zu erfahren. Wißbegierde hat die Natur uns eingegeben und im Bewußtsein eigener Kunst und Schönheit uns zur Betrachtung solcher Großartigkeit bestimmt. Würde sie sich nicht selbst um den Genuß gebracht haben, wenn sie solche großartigen, in vieler Hinsicht schönen Dinge einer Einsamkeit dargeboten hätte?
Um dir bewußt zu werden, daß die Natur nicht nur wahrgenommen, sondern genau betrachtet werden will, mußt du den Standort beachten, den sie uns zugewiesen hat: in den Mittelpunkt ihrer Schöpfung hat sie uns hingestellt und uns den Überblick über das Ganze verschafft. Sie gab dem Menschen nicht nur den aufrechten Gang, sie verlieh ihm auch eine ausgeprägte Beobachtungsgabe. Damit er den Lauf der Gestirne vom Aufgang bis zum Niedergang verfolgen und seinen Blick mitwandern lassen könne, schuf sie ihm das hocherhobene Haupt und setzte es auf einen beweglichen Hals. Beim Gang durch sechs Tag- und sechs Nachtsternbilder zeigte sie sich ihm in voller Entfaltung. Sicherlich wollte sie durch das den Augen Dargebotene seine Neugierde auch nach dem Übrigen wecken.
Sehen wir doch weder alles, noch alles in seiner wirklichen Größe. Aber unser Scharfblick erschließt uns Wege der Forschung, legt die Grundlagen der Wahrheitsfindung, so daß die Untersuchung vom Bekannten zum Unbekannten fortschreiten, ja etwas finden kann, das noch älter ist als diese Welt selbst: den Ursprung der Gestirne; den Urzustand des Weltalles vor der Abspaltung von Teileinheiten; ... ob jener landläufige Beweis für die Göttlichkeit des Menschengeistes stimmt: ein Teil Sternenstoff, gleichsam Sternenfunken, sei auf die Erde gesprungen und an diesem fremden Ort haftengeblieben.
Unser Denken durchbricht die Himmelsgrenzen und begnügt sich nicht mit dem Wissen des Sichtbaren.

In der Naturbetrachtung, in der theoretisch-geistigen Beschäftigung mit der Natur sieht *Seneca* einen Aspekt (neben der *actio*), um im Einklang mit der Natur leben zu können. Die Natur stellte den Menschen in den Mittelpunkt, um ihm die Möglichkeit eines ganzheitlichen Überblicks zu geben; dazu stattete sie ihn aus mit einer ausgeprägten Beobachtungsgabe.[2]

---

2 *Seneca* spricht mit der Differenzierung von *contemplatio* und *actio* eine Antinomie in der Welterklärung an: Während der theoretische Mensch im Verhältnis zur Welt (zur Wirklichkeit, von der er annimmt, daß es hinter der Vielfalt der Erscheinungen eine

Seneca spricht in dem oben angeführten Text davon, daß der Mensch die Fähigkeit besitzt, sich einen Überblick über das Ganze zu verschaffen, daß er eine ausgeprägte Beobachtungsgabe hat; andererseits weist er darauf hin, *daß wir weder alles sehen, noch in seiner wirklichen Größe*. In diesem Zusammenhang ist gemeint, daß die Wahrnehmungen des Menschen im Vergleich zu seinen Denkmöglichkeiten eingeschränkt sind. An anderer Stelle (*quaestiones naturales 7, 25*) sagt *Seneca* zu den Grenzen unserer Wahrnehmungs- und Erkenntnisfähigkeit, daß zur Untersuchung gewaltiger Naturerscheinungen ein Menschenleben nicht ausreiche, die nachfolgenden Generationen mögen zur Wahrheitsfindung ihren Beitrag leisten.

Schema: Vita contemplativa

Weltbetrachtung

Im Einklang mit der Natur leben heißt Aktiv-Sein und Weltbetrachtung:
- Wißbegierde ist von der Natur mitgegeben;
- die Natur hat den Menschen in die Mitte des Alls gestellt;
- sie hat uns einen Überblick über das Ganze gegeben;
- sie hat uns eine ausgeprägte Beobachtungsgabe zugeteilt,
- die Neugierde nach dem Unsichtbaren und die Möglichkeit, den Urzustand zu erforschen.

→ Das Denken durchbricht die Grenzen des Sichtbaren!

Die Erkenntnistheorie der Stoa scheint geprägt von einer gewissen Vorläufigkeit. Das Prinzip der Vorläufigkeit wird von MUNDING[3] als wichtiges Lernziel insofern gesehen, als es eine notwendige Aufgabe sei, Schüler in ihrem naturwissenschaftli-

einheitliche einzige Wirklichkeit gibt) mit dem Postulat der Determination seine Reflexionen anstellt, geht der handelnde Mensch an die Wirklichkeit mit dem Postulat der Freiheit heran.

3 Vgl. MUNDING, H: Antike Naturphilosophie und moderne Naturwissenschaften. In: Alte Sprachen 2 (hrsg. von MAIER, F. u. a.). – München 1982, 173.

chen Denken, in dem sie sich häufig als Spezialisten fühlen, zu verunsichern.

Derartige Denkkonzepte, die den Wahrscheinlichkeitscharakter einer Theorie, eines Modells oder einer philosophischen Spekulation herausstellen, die also gegen eine voreilige Sicherheit im Wissen opponieren, gab es bereits bei den Vorsokratikern. Kritik und Zweifel des *Xenophanes* (geb. ca. 580 v. Chr.) sind immer so orientiert, daß er nach Erkenntnis strebt; er ist ein Skeptiker, insofern er ein Suchender ist. Charakteristisch für diese Grundeinstellung sind zwei Fragmente:

Die Götter haben den Menschen durchaus nicht gleich am Anfang alles enthüllt, sondern im Laufe der Zeit finden sie (die Menschen), vorausgesetzt sie suchen eifrig, Besseres hinzu (B 18).

Damit ist – analog zu *Seneca* – eine Entwicklung der Erkenntnis und der Fähigkeiten angedeutet. Der Gedanke des Fortschritts, genauer: des wissenschaftlichen Fortschritts ist inkludiert; andererseits wird von *Xenophanes* auf die Beschränktheit menschlicher Erkenntnisfähigkeit verwiesen, wie das folgende Fragment verdeutlicht:

Klares hat freilich kein Mensch gesehen, und es wird auch keinen geben, der es gesehen hat hinsichtlich der Götter und aller Dinge, die ich erkläre. Denn sogar wenn es einem in besonderem Maße gelungen wäre, Vollkommenes zu sagen, würde er sich dessen trotzdem nicht bewußt sein: bei allen Dingen gibt es nur einen Wahrscheinlichkeitscharakter (B 34).

Xenophanes unterscheidet zwischen gesicherter Erkenntnis und Meinung (Hypothesen). Er leugnet also nicht Erkenntnis, sondern spricht ihr den Absolutheitscharakter ab. Moderne philosophische und naturwissenschaftliche Richtungen (siehe unten) unserer Zeit beziehen sich expressis verbis auf *Xenophanes*, weil in seinen Fragmenten konnotativ folgendes mitschwingt:

- die objektive Wirklichkeit ist anders beschaffen als sie sich unserem Wahrnehmungsvermögen bzw. unserem Erkenntnisvermögen darbietet;
- der Mensch besitzt nicht die Fähigkeit, die Wirklichkeit, die

hinter den Erscheinungen steht, zu erkennen; er hat jedoch die Möglichkeit, sich der Wahrheit anzunähern. Die von ihm geschaffenen Theorien haben einen Wahrscheinlichkeitscharakter, sie sind mehr oder weniger geeignet und zweckmäßig, den Anpassungsprozeß zwischen Erscheinungswelt und dahinterliegender Wirklichkeit voranzutreiben (vgl. *Seneca* mit der Behauptung, daß der Mensch strebt, das Unbekannte zu entdecken).

8.2 *Kritischer Rationalismus*

Die oben beschriebenen Gedanken des *Xenophanes* und *Seneca* werden heute durch die Richtung des kritischen Rationalismus, im speziellen durch K. POPPER vertreten. Es bedarf m. E. einer variierten und differenzierten Wiederholung, um das Lernziel der Wissensverunsicherung zu vertiefen:

> So wie jeder seine Philosophie hat, so hat auch jeder seine – gewöhnlich – unbewußte Erkenntnistheorie, und vieles spricht dafür, daß unsere Erkenntnistheorien unsere Philosophien entscheidend beeinflussen. Ihre Grundfrage ist: Können wir überhaupt etwas wissen? Die Antwort auf diese Frage zeigt, daß wir von unseren Fehlern lernen können. Eine Annäherung an die Wahrheit ist möglich. Das war meine Antwort auf den erkenntnistheoretischen Pessimismus. Aber ich gab auch eine Antwort auf den erkenntnistheoretischen Optimismus: Sicheres Wissen ist uns versagt. Unser Wissen ist ein kritisches Raten; ein Netz von Hypothesen; ein Gewebe von Vermutungen. Diese Einsicht mahnt zur intellektuellen Bescheidenheit.[4]

1934 veröffentlichte POPPER „Logik der Forschung". Darin formuliert er, daß wir zwar eine Wahrheit haben, aber keine Sicherheit: Wir wissen nicht, wir raten! Wir suchen immer wieder nach einer objektiven Wahrheit; wenn eine Übereinstimmung zwischen Beschreibung, Behauptung und objektivem Sachverhalt besteht, ist eine Theorie wahr. Theorien können vorläufig wahr sein, es gibt aber keine sichere Wahrheit. POPPER kritisiert hier *Aristoteles* als Induktionsphiloso-

---

4 POPPER, K.: Logik der Forschung. – Berlin 1969, 15f. (Text leicht gekürzt).

phen: Die Induktion führe in eine Sackgasse, weil der Begründungsanspruch der Verifikation jeden Erkenntnisgewinn ausschließe. Lernen und Erkenntnisgewinn kann man nur durch Versuch und Irrtum erreichen, wobei am Anfang aller Erkenntnis die Probleme stehen; die Menschen lernen nur, wenn sie Probleme haben.

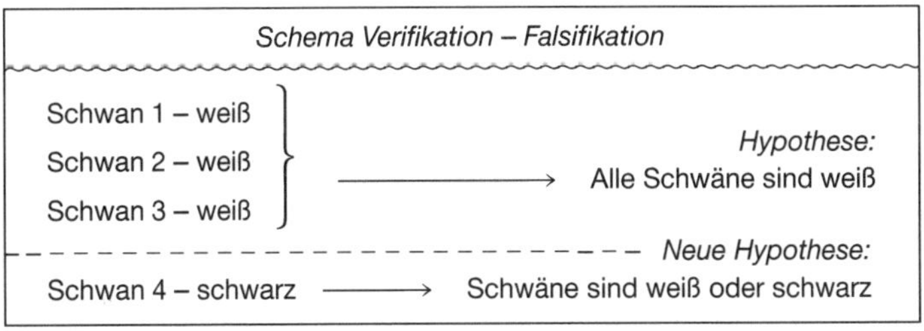

Die aufgestellten Hypothesen und Theorien müssen möglichst intensiv der Kritik ausgesetzt werden. Der Erkenntnisfortschritt kommt durch die Methode von Versuch und Irrtum bzw. durch Vermutungen und Widerlegungen zustande. Während sich Induktion mit dem Schließen von einer Tatsache auf ein allgemeines Gesetz beschäftigt und ihr Ziel darin besteht, eine Theorie durch immer mehr Einzelbeobachtungen zu verifizieren, ersetzt Popper die Verifikation durch die Falsifikation: je schwieriger die Falsifizierung einer Theorie ist, und je länger die Falsifikation nicht gelingt, desto größer wird die Wahrscheinlichkeit, daß die Theorie brauchbar ist. Trotzdem ist die Theorie nur vorläufig und relativ. Falsifikation ist die Methode eines negativen Ausleseprozesses: ähnlich wie in der Natur werden unbrauchbare Lösungsmodelle nicht weiter verfolgt.

Schema des Rückkoppelungskreises

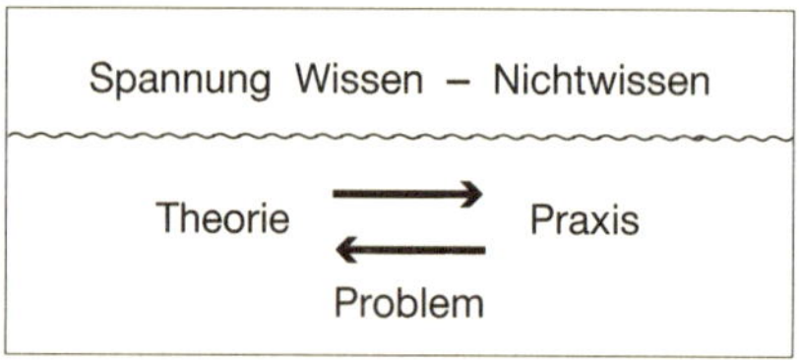

8.3 *Evolutionäre Erkenntnistheorie*

Die evolutionäre Erkenntnistheorie[5] versucht zwischen der Trennung von Natur und Geist bzw. zwischen der Trennung von biologischen und psychischen Vorgängen zu vermitteln. Die elementarste Ausgangsbasis läßt sich etwa so beschreiben: Das Überleben schon der primitivsten Urzelle hatte zur Voraussetzung, daß es in der Umwelt Bedingungen gab, die mit vorhersehbarer Regelmäßigkeit wiederkehrten. Nur für Bedingungen, auf die das zutrifft, läßt sich ein Programm angeborener Reaktionen oder Verhaltensweisen entwickeln. Diese Programme sind aber nichts anderes als angeborene Hypothesen über die Welt. Solche Hypothesen sind beispielsweise, daß die Welt dreidimensional strukturiert ist, daß es linear-kausal zugeht (auf A folgt B), und daß gleiche Wirkungen auf identische Ursachen schließen lassen. D. h. anders ausgedrückt, daß uns diese angeborenen Hypothesen oder Lehrmeister (der ratiomorphe Apparat) keine andere Wahl lassen, als die Welt dreidimensional zu sehen und linear-kausal zu denken.
Heute gehört es jedoch zu den wichtigsten Aufgaben der Menschheit, Prognosen zu erstellen, Überlebensprogramme zu erstellen. Erkennen ist ein Problemlösungsverhalten, bei dem der Mensch im Vergleich zu anderen Lebewesen den Selektionsvorteil hat, der im Phänomen des Irrtums besteht.

---

5 Vgl. RIEDL, R.: Evolution und Erkenntnis. Antworten auf Fragen aus unserer Zeit. – München 1987 (= SP 378).

Schema: Grundaussagen

- Erkenntnis ist das Resultat von Evolution: Leben ist Lernen;
- Wissen und Erkenntnis haben eine lebenserhaltende Bedeutung, sie sind zwar nicht absolut richtig, aber zweckmäßig;
- jedes Lebewesen hat eine bestimmte Sicht der Realität, das jeweilige Weltbild ist annähernd wahr, es ist zweckmäßig und erfüllt eine lebenswichtige Orientierungsfunktion;
- anhand von Hypothesen orientieren sich die Lebewesen in der Welt, die Hypothesen werden an der Außenwelt geprüft und gegebenenfalls revidiert;
- dadurch daß Hypothesen revidiert werden, lernen die Lebewesen durch Versuch und – speziell der Mensch – durch *Irrtum.*

Durch die Theorien des kritischen Rationalismus und der evolutionären Erkenntnistheorie wird uns vor Augen geführt, daß der Mensch sich von der Welt (Natur) Hypothesen, Vermutungen bildet, um sie besser zu verstehen, um Probleme bewältigen zu können, um überleben zu können. Alle Versuche dieser Art sind jedoch maximal geeignet bzw. zweckmäßig (niemals absolut richtig), die Welt (zeitlich und räumlich eingeschränkt) zu verstehen. Antike Vorstellungen (vor allem die Logoslehre) gestehen dem Menschen durch den Anteil an dem allumfassenden Logos die Fähigkeit des Naturerkennens zu. Die Natur ist nach diesem Verständnis zielgerichtet, Gesetzmäßigkeiten sind zugrundegelegt, der Mensch kann mit seiner Vernunft den Weg zur Logosnatur finden, wenngleich es die Natur liebt, sich zu verbergen. Der Anteil am Logos gibt uns einerseits die Orientierungsmuster über die Welt, andererseits sind wir trotzdem nicht in der Lage, die Wahrheit über die Welt zu erfahren, wir müssen uns auf Vermutungen beschränken.

9. Ökologische Moral

Im letzten Kapitel wurde versucht, die Vorläufigkeit und Unsicherheit menschlicher Theorien und Erklärungsversuche zu thematisieren: einerseits durchbricht der Mensch mit seinem Denken die Grenzen des Sichtbaren, er kann die Welt im Ganzen betrachten; andererseits sind solche naturphilosophischen Spekulationen (wie auch andere Theorien) nur Vermutungen, Versuche, sich der hinter den Erscheinungen liegenden Wirklichkeit zu nähern. Das Bewußtmachen der Unsicherheit des menschlichen Wissens hat pädagogisch vor allem die Funktion der Verunsicherung: auch Spezialisten irren nicht selten. Diese Erkenntnis sollte zu einer intellektuellen Bescheidenheit mahnen.

Diese intellektuelle Bescheidenheit ist eine wichtige Voraussetzung für die Diskussion über Aspekte der ökologischen Moral.

9.1 *Die Verantwortung des Menschen*

Im Vergleich zu den heutigen Umweltsünden und den fakultativen Umweltkatastrophen waren die antiken Umweltsünden wie Abholzung der Wälder im Mittelmeerraum, daraus resultierende Überschwemmungen und Verödungen verhältnismäßig gering. Entsprechend wird auch das Prinzip der Verantwortung im Vergleich zu heute differenziert zu interpretieren sein.

Grundlage der ciceronischen Ethik bildet die stoische Logoslehre, die mit ihrer Teleologie Zwecke und Ziele in der Natur findet: die Stoa sieht in den Dingen den Logos walten. Die stoische Ethik stellt sich das Ziel, den Menschen zur *Eudaimonia* zu führen. Als Grundlage dazu will sie ihm die Unabhängigkeit von allem geben, was nicht in unserer Gewalt steht. Das einzige Gut, welches den Menschen glücklich macht, ist die *Arete* (Autarkie der Tugend: *virtutem ad beate vivendum se ipsa esse contentam*), das einzige Übel, das den Menschen treffen und ihm schaden kann, ist moralische Schlechtigkeit *(Kakia)*. Die allgemein als Werte betrachteten Dinge (äußere Güter wie Reichtum, Ansehen, Schönheit, Gesundheit) sind für das

Glück irrelevant. Für das *Telos* des menschlichen Lebens haben die Stoiker die Formel geprägt: *leben gemäß der Vernunft und gemäß der sozialen Anlage des Menschen.*[1]
Das pflichtgemäße Handeln weist den Weg, der zur Übereinstimmung mit dieser Logos-Natur führt. Wesentlich ist, daß der Mensch Vernunft besitzt und damit über die Gegenwart hinausreicht. Im folgenden Text erörtert *Cicero (de officiis 1, 11)*, daß der Mensch im Unterschied zum Tier Gegenwärtiges mit Zukünftigem verknüpfen kann:[2]

Commune autem animantium omnium est coniunctionis appetitus procreandi causa et cura quaedam eorum, quae procreata sint. Sed inter hominem et beluam hoc maxime interest, quod haec tantum, quantum sensu movetur, ad id solum, quod adest quodque praesens est, se accommodat, paulum admodum sentiens praeteritum aut futurum. Homo autem, quod rationis est particeps, per quam consequentia cernit, causas rerum videt earumque praegressus et quasi antecessiones non ignorat, similitudines comparat rebusque praesentibus adiungit atque adnectit futuras, facile totius vitae cursum videt ad eamque degendam praeparat res necessarias.

Gemeinsamer Trieb aller Lebewesen ist das Streben nach Vereinigung zum Zwecke der Zeugung und eine gewisse Sorge für diejenigen, die gezeugt worden sind. Aber zwischen Mensch und Tier besteht besonders der Unterschied, daß dieses nur, insoweit es von einer sinnlichen Wahrnehmung angesprochen wird, allein auf das, was vorliegt und gegenwärtig ist, sich einrichtet, indem es Vergangenheit und Zukunft nur ganz wenig wahrnimmt. Anders der Mensch: weil er der Vernunft teilhaftig ist (nach der Logoslehre gewinnt der Mensch mit 7 Jahren Vorstellungen vom Unkörperlichen, von Raum und Zeit, vom eigenen Ich. Er geht über den Selbsterhaltungstrieb hinaus und plant bzw. antizipiert – Anm. d. Verf.), durch die er die Folgen absieht, sieht er die Ursachen ein, und ihre Entwicklungsstufen und gleichsam vorausgehende Gründe sind ihm wohlbekannt, er vergleicht ähnliche Erscheinungen und verbindet und verknüpft mit dem Gegenwärtigen das Zukünftige, sieht leicht den Verlauf des ganzen Lebens ein, und zu seiner Bemeisterung beschafft er die nötigen Voraussetzungen.

---

1 Aus Dalfen/Lahmer/Sommer, a.O. 157.

2 Vgl. dazu Schönberger, O.: Das Prinzip Verantwortung. Zum Versuch einer Ethik für die technologische Zivilisation von Hans Jonas. In: Anregung 4 (1985), 255ff.
Jonas, H.: Neue Dimension der Verantwortung. In: Pöpperl, M.: Natur und Mensch. – Stuttgart 1989 (= Klett Lesehefte Ethik), 60f.

Im folgenden Text *(Cicero, de officiis 1, 81)* wird darauf eingegangen, daß die Verantwortung des Menschen sich dank seiner Vernunftnatur über die eigene Nachkommenschaft hinaus erstreckt:

Quamquam hoc animi, illud etiam ingenii magni est, praecipere cogitatione futura et aliquanto ante constituere, quid accidere possit in utramque partem et quid agendum sit, cum quid evenerit, nec committere, ut aliquando dicendum sit: non putaram. Haec sunt opera magni animi et excelsi et prudentia consilioque fidentis.

Jedoch verrät dies hohe Gesinnung, ja sogar hohen Verstand, in Gedanken die Zukunft vorwegzunehmen und ziemlich lange vorher festzustellen, was in diesem oder jenem Sinne vorfallen könnte und was zu tun sei, wenn etwas vorgekommen ist, und es ist nicht zuzulassen, daß man einmal sagen muß: Damit hätte ich nicht gerechnet. Das sind Leistungen einer hohen und überragenden Gesinnung, die auf kluge Voraussicht und Überlegung vertraut.

Im dritten Text *(Cicero de officiis 1, 22)* wird die Verantwortlichkeit des Menschen, die ihm seine Vernunft ermöglicht, konkretisiert:

Sed quoniam non nobis solum nati sumus ortusque nostri partem patria vindicat, partem amici, atque, ut placet Stoicis, quae in terris gignantur, ad usum hominum omnia creari, homines autem hominum causa esse generatos, ut ipsi inter se aliis alii prodesse possent, in hoc naturam debemus ducem sequi, communes utilitates in medium adferre, mutatione officiorum, dando accipiendo, tum artibus, tum opera, tum facultatibus devincire hominum inter homines societatem.

Da wir nicht nur für uns selbst geboren sind, sondern einen Teil unseres Daseins die Vaterstadt beansprucht, einen Teil die Freunde, und – wie es Ansicht der Stoiker ist – was auf Erden hervorgebracht wird, insgesamt zum Nutzen der Menschen geschaffen wird, die Menschen aber um ihrer Mitmenschen willen erzeugt sind, damit sie, einer dem andern, von sich aus sich gegenseitig nützen können, so müssen wir darin der Natur als Führerin folgen, den gemeinsamen Nutzen in den Mittelpunkt stellen und durch Gegenseitigkeit der Leistungen – durch Geben und Nehmen –, durch Fachkenntnisse, Opferbereitschaft und Mittel das Band zwischenmenschlicher Zusammengehörigkeit festigen.

Schema: Die Verantwortung des Menschen

Zusammenfassung der Texte
– Der Mensch ist aufgrund seiner Vernunft fähig: Folgen abzusehen, Ursachen zu erkennen, Ähnliches zu verknüpfen, Gegenwärtiges mit Zukünftigem zu verbinden, gedanklich die Zukunft vorwegzunehmen und somit Positives zu tun bzw. Negatives zu unterlassen. – Der Mensch ist zum Nutzen der Mitwelt geboren und trägt Verantwortung für die anderen.

9.2 *Das Prinzip Verantwortung*

Der Philosoph H. JONAS (Schüler von M. HEIDEGGER) geht von der derzeitigen Lage der Menschheit aus. Was der Mensch von heute tun kann und womit er konfrontiert ist, hat nicht seinesgleichen in vergangener Erfahrung. Er fordert eine Ethik der Voraussicht und Verantwortung.

„Die moderne Technik ist auf den Großgebrauch angelegt und wird darin vielleicht zu groß für die Größe der Bühne, auf der sie sich abspielt – die Erde –, und für das Wohl der Akteure selbst – die Menschen. Soviel ist gewiß: sie und ihre Werke breiten sich über den Erdball aus; ihre kumulativen Wirkungen erstrecken sich möglicherweise über zahllose künftige Geschlechter: Mit dem, was wir hier und jetzt tun, und meist mit Blick auf uns selbst, beeinflussen wir massiv das Leben von Millionen andernorts und künftig, die hierbei keine Stimme hatten ...
Der springende Punkt hier ist, daß das Eindringen ferner, zukünftiger und globaler Dimensionen in unsere alltäglichen, welt-praktischen Entscheidungen ein ethisches Novum ist, das die Technik uns aufgeladen hat; und die ethische Kategorie, die vorzüglich durch diese neue Tatsache auf den Plan gerufen wird, heißt: *Verantwortung*."[3]

3 Zur ausführlicheren Behandlung der Thematik vgl. JONAS, H./METH, D.: Was für morgen lebenswichtig ist. Unentdeckte Zukunftswerte. – Freiburg 1983. ROCK, M.: Die Umwelt ist uns anvertraut. – Mainz 1987. HAFEMANN, M.: Die Suche nach einer Umweltethik, in: PÖPPERL, M.: a.O. 62ff.

Solche Verantwortung erstreckt sich auf die ganze Biosphäre des Planeten. Es ist notwendig, Fernwirkungen einzukalkulieren; JONAS wandelt das Sprichwort *in dubio pro reo* ab zu *in dubio pro malo*: aufgrund der Tatsache, daß der Mensch nicht befähigt ist, alle Vernetzungen zu analysieren, muß er, wenn er im Zweifel ist, der schlimmeren Prognose vor der optimistischeren Gehör schenken. Der Mensch muß sich freiwillig Zügel anlegen. Der neue ethische Imperativ muß heute lauten: *Schließe in deine gegenwärtige Wahl die zukünftige Integrität des Menschen als Mit-Gegenstand deines Wollens ein.* Im Zweifelsfall soll sich der Mensch für die pessimistische Prognose entscheiden und Handlungen, deren Auswirkungen für spätere Generationen nicht absehbar sind, unterlassen.

Die pointierte Behauptung von JONAS, daß sich frühere Ethiken nicht auf das Zukünftige bezogen, könnte nun als Ausgangspunkt dafür dienen, einen Vergleich zu den oben genannten *Cicerotexten* anzustellen:

- Bereits *Cicero* hat die Verantwortlichkeit des Menschen insofern herausgestellt, daß dieser als einziges Lebewesen Gegenwärtiges mit Zukünftigem verknüpfen kann.
- Die Sichtweise *Ciceros* ist zu optimistisch in der Richtung, daß der Mensch durch seine Fähigkeit der Prognostik das Positive tut bzw. das Negative unterläßt. Für komplexe Probleme gilt eher die Behauptung, daß der Mensch immer erst in der nachfolgenden Reflexion weiß, warum etwas so und nicht anders ausgegangen ist: der Mensch ist (bezogen auf komplexe Problembereiche) eher ein epimetheisches Wesen und kein prometheisches. In der Terminologie der evolutionären Erkenntnistheorie wird der Mensch als rationalisierendes Lebewesen charakterisiert, das durch die nachfolgende Reflexion einer Handlungssituation weiß, warum das Ergebnis dieser Handlung der Prognostik widersprechend ausgefallen ist; der Mensch sei jedoch kein rationales Lebewesen.
- Der Begriff Verantwortung ist von den beiden Autoren sehr

unterschiedlich gebraucht: *Cicero* meint eine Verantwortung, die aus der heutigen Sicht eine begrenzte war: die Welt galt als überschaubar, weshalb er auch zu dieser optimistischen Aussage bezüglich der menschlichen Prognostik neigt. Jonas geht von einem völlig anderen Kenntnisstand (Mondflug, die Erde als ein Winzling im Universum) und einer anderen ökologischen Situation aus: Unverantwortlichkeit kann heute aufgrund des hohen Standes der Technologien zu einer Vernichtung der ganzen Erde führen.

9.3 *Die vier Öko-Tugenden*

Als eines der wichtigsten Güter gilt heute die Erhaltung der Natur. Die Entscheidung für die Erhaltung der Natur ist kein ökologisches Prinzip, sondern vor allem auch ein ökonomisch-statistisches Gesetz: das was knapp geworden ist, ist wertvoller als das, was in Fülle vorhanden ist; Natur ist heute knapp geworden. In der ökologischen Diskussion wird u. a. auch auf die antiken Kardinaltugenden[4] zurückgegriffen. In einem Unterrichtsgespräch könnte die Aufgabe gestellt werden, die vier Kardinaltugenden mit ökologisch-moralischem Sinn zu füllen, sie zu aktualisieren:

- *Weisheit* als ökologische Intelligenz: Ökologische Intelligenz zielt auf das Erkennen von Zusammenhängen und Vernetzungen, sie kalkuliert Langzeiteffekte ein, ist gegenüber kühnen Prognosen skeptisch, erkennt unsere Ohnmacht bezüglich sicherem Wissen; aufgrund der Tatsache, daß Macht heute vielfach gefährlicher ist als Ohnmacht, kam Jonas zu dem Schluß: *in dubio pro malo!*
- *Gerechtigkeit* als Gerechtigkeit an der Natur, als Orientierungshilfe, den Menschen als Teil der Natur zu erkennen:

4 Da die Kardinaltugenden den Schülern meist schon durch den Elementarunterricht vertraut sind, werden hier keine Texte angeboten; eine Sammlung der Texte zu den Tugenden findet sich in SVF III, 262ff.

Der Mensch sollte sich nicht als Gegennatur aufspielen, er sollte sich mehr der Grenzen der verfügbaren Kapazitäten erinnern und aufgrund dieser Einsicht die Natur nicht ausbeuten.
- *Tapferkeit* als Zivilcourage und Verantwortung: Ziel ist es, Gleichgültigkeit und Passivität zu überwinden; Denken und Handeln sollten eine Einheit bilden (vgl. *Seneca*).
- *Maßhalten* als Bescheidenheit und Frugalität: Der Verzicht auf Konsum wird angesprochen; H. JONAS appelliert an die Menschen, sie sollen sich freiwillig Zügel anlegen, auf Freiheiten verzichten. Nach *Aristoteles* ist der Mittelweg zwischen Zuwenig und Zuviel das Optimale.[5]

9.4 *Ehrfurcht und Demut*

Durch die indianische Weltsicht können wir lernen, wie diese Ehrfurcht vor der Natur und den Naturdingen verwirklicht wird; ein Beispiel:
Am Rande der Missouriwälder wächst die sogenannte Indianer-Erdbohne. Diese Bohnen sind für die Menschen sehr nahrhaft, jedoch schwer zu ernten, weil sie im undurchdringlichen Gewirr von Buschwerk wachsen. Die Indianer machen sich deshalb einen Helfer zunutze: die Wiesenmaus. Die Wiesenmaus trägt die Bohnen in ihren Bau, sie sammelt in großer Zahl die Vorräte für den Winter. Ihren Bau auszuheben, ist eine lohnenswerte Sache. Es würde jedoch kein Indianer wagen, dem wehrlosen Tier sämtliche Vorräte zu rauben. Die Sammler lassen einen Teil der Bohnen zurück, sie legen als Entgelt Mais und Speck in die Höhle der Maus und verrichten ein Gebet: Die Maus wird um Entschuldigung dafür gebeten, daß die nahrhaften Körner entnommen werden. Mensch und Tier gehen eine Nutzgemeinschaft ein.[6]

---

5 Zur richtigen Mitte bei Aristoteles sehr informativ GRAESER, A.: Die Philosophie der Antike 2 (hrsg. von RÖD, W.). – München 1983, 232ff.

6 Vgl. MÜLLER, W.: Schwester Sonne und Bruder Mond, in: PÖPPERL, M.: a.O. 26ff.

Die Ehrfurcht vor der Natur läßt sich in der Antike u. a. an der Funktion des Rituals zeigen. Ein kurzer Hinweis darauf soll hier genügen, ausführlich ist die Thematik in dem Buch von W. BURCKERT[7] nachzulesen: Die Opferrituale zeigen die menschliche Tötungshemmung und die Gefühle von Schuld und Reue beim Blutvergießen. Das Tier ist geschmückt, man hat den Eindruck, es gehe freiwillig zum Opfer. Die Teilnehmer werfen gleichzeitig Gerste auf das Tier und den Altar. Gleichzeitiges Werfen auf ein gemeinsames Ziel ist der uralte Gestus der Aggression (vgl. Steinigung). Dann werden dem Tier ein paar Haare abgeschnitten: es ist der erste Schritt einer Verletzung – es tut nicht weh, aber das Tier ist nicht mehr unversehrt. Nach der Tötung wird das Blut aufgefangen und auf den Altar gegossen: das erschreckendste Element wird in die Ordnung der Gottheit übergeben. Indem der Mensch nach dem Willen der Gottheit Opfer bringt, muß er eine Tötungshemmung überwinden; indem er Gefühle von Schuld und Reue zum Ausdruck bringt, zeigt er eine tiefverwurzelte Ehrfurcht vor dem Leben, vor der Natur.

9.5 *Der Mensch ist das Maß aller Dinge*

Im folgenden Kapitel möchte ich auf das Maßhalten von einem anderen Blickwinkel eingehen. L. KOHR, Philosoph der Kleinheit, ist für unser Thema nicht zuletzt auch deshalb interessant, weil seine Abhandlungen voll von antikem Gedankengut sind, weil seine Interpretationen von antikem Denken aus fachwissenschaftlicher Sicht möglicherweise problematisch, aber in jedem Fall kreativ und innovativ für heutige Menschen sind.[8]

---

7 BURKERT, W.: Wilder Ursprung. Opferritual und Mythos bei den Griechen. – Berlin 1990.

8 Ich referiere hier einen Vortrag von L. KOHR „Das Prinzip Arche Noah“, gehalten am 28. April 1982 in Salzburg anläßlich des Symposions „Rückkehr zum menschlichen Maß. Symposion zu Ehren von Leopold Kohr“. Hauptwerke (auch für Jugendliche lesenswert) sind *The Breakdown of Nations* und *The Overdeveloped Nationes*.

KOHR geht bei seiner Lehre von der Kleinheit davon aus, daß die Lösung der Probleme der Welt nicht im Großen, sondern nur im Kleinen möglich sind. Den Anstoß für dieses Denken gab der Satz des griechischen Sophisten *Protagoras*, der trotz seiner Kürze an Bedeutung nicht übertroffen werden könne: „Der Mensch ist das Maß aller Dinge." KOHR interessiert an diesem Satz nicht, ob er Ausdruck von Subjektivismus oder Relativismus ist; das Verständnis des Satzes hänge von der richtigen Betonung ab: „Der *Mensch* ist das Maß aller Dinge!" Es ist nicht die Gesellschaft, nicht der Staat, nicht die Menschheit. Nein, was *Protagoras* nach KOHR meinte, war, daß in all seiner Kleinheit der Mensch, der Einzelmensch im Zentrum der Schöpfung stehe: Er allein ist das Maß aller Dinge, der Seienden, daß sie sind, der Nicht-Seienden, daß sie nicht sind. Dem Menschen müssen die ihn umgebenden Dinge angepaßt werden: sein Haus, seine Institutionen, sein Staat, seine Ziele. Und da der Mensch eben klein ist, heißt das, daß alles, was er schafft, auch beschränkt sein muß; alles muß seine Grenzen haben. KOHR referiert antikes Denken, um existentielle Notwendigkeiten für das Leben in der heutigen Gesellschaft aufzuzeigen: zu diesen Lebens- und Überlebensnotwendigkeiten gehört – wie ja bereits in Kap. 6 behandelt – das Akzeptieren von Grenzen, das Akzeptieren des Menschen als *animal finale*.

Den Gedanken der Kleinheit als informative Zielgröße führt KOHR durch ein Beispiel aus, indem er *Aristoteles* und die Analogie von Schiffs- und Staatsgröße zitiert: ein größeres Schiff kann ein besseres Schiff sein; aber ein Schiff, das einen Zoll kurz oder eine Meile lang ist, ist nicht nur ein schlechtes Schiff, sondern überhaupt kein Schiff mehr. Seine dem Menschen nicht angepaßte Größe vernichtet seine Funktion. Ähnliches hat auch PARACELSUS formuliert: „Alles ist Gift. Ausschlaggebend ist nur die Menge."

KOHR will damit sagen: Alles, was über eine gewisse Grenze hinausgeht, wird schlecht – sogar das Gute; alles wird innerhalb

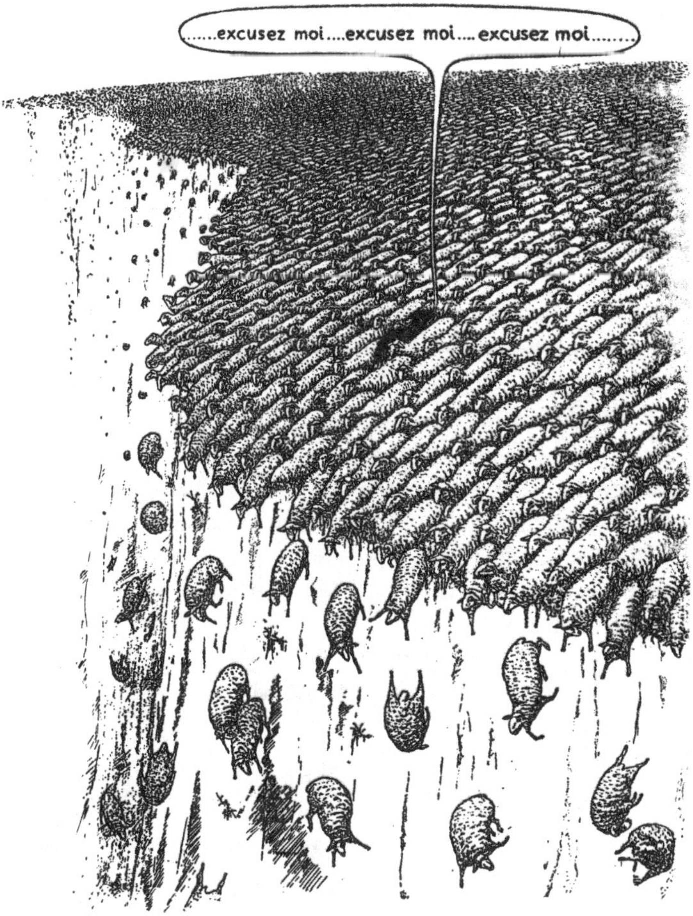

Das schwarze Schaf:
Die Umkehr als rettende Idee vor dem Abstürzen!

gewisser Grenzen gut bzw. erträglich, sogar das Schlechte. Deshalb sind die Probleme, denen die Welt heute gegenübersteht, nicht der Krieg, nicht die Umweltkatastrophen, nicht die Armut, nicht die Kriminalität. Das Problem ist das *Ausmaß* des Krieges, der Umweltkatastrophen, der Armut, der Kriminalität. Es ist der Umfang, das Ausmaß, die Größe eines Übels. So ergibt sich, daß die Lösung der ärgsten Probleme der Gegenwart nur durch eine Verkleinerung staatlicher Gebilde erreicht werden kann.

Der Satz *small is beautiful* entspricht der kleinen menschlichen Statur und seiner Beschränktheit. Es gibt nach KOHR keinen Ausweg als eine Rückkehr (siehe Bild) – eine Rückkehr zum menschlichen Maß. Das Bett des Staates muß so verkleinert werden, daß sich der kleine Bürger darinnen wohl fühlt. Dem heutigen Fortschritt, der sich in zahllosen Natur- und Menschenverletzungen zeigt, kann kein anderer Sinn abgewonnen werden als der des Zurückgehens: Wenn man den Abgrund erreicht hat, ist das einzige, was Sinn hat: zurückgehen. Das der Natur Entsprechende ist die Kleinheit.

Didaktischer Exkurs III

L. KOHR und seine Art der Antikerezeption möchte ich als Ausgangspunkt nehmen, über mögliche Formen von Antikerezeption im Unterricht zu sprechen.
Im bisherigen Versuch, das Verhältnis von Natur und Mensch zu beschreiben, sind viele Fächer (Biologie, Physik, Philosophie etc.) quasi in den Lateinunterricht integriert worden. Andererseits liegt natürlich die Tatsache auf der Hand, daß auch in den genannten Fächern Themenbereiche der Alten Sprachen rezipiert werden. Immer dann, wenn antike Teilaspekte in anderen Unterrichtsfächern rezipiert werden, ist ein natürliches Potential an fächerübergreifendem Material vorhanden. Die effektivste Nutzung dieses fächerübergreifenden Potentials im Unterricht liegt nun nach meiner Erfahrung in der Rückkoppelung, d. h.: immer dann, wenn beispielsweise der Bezug von Biologie zur Antike im Unterricht transparent wird *und* der Bezug von der Antike zur Biologie ebenso verdeutlicht wird, erfährt der Schüler verschiedene Konstrukte zu ein und derselben Thematik; die Konstrukte unterscheiden sich in der Methode, in der primären Zielsetzung, im angewandten Unterrichtsverfahren. Je differenzierter nun die Konstrukte durch die unterrichtliche Behandlung für den Lernenden faßbar werden, desto effektiver ist das fächerübergreifende Unterrichtsprinzip realisiert.[1]

---

1 Ich orientiere mich hier an den Thesen des konstruktiven Realismus; der konstruktive Realismus, sein wichtigster Vertreter ist der Wiener Physiker HERBERT PIETSCHMANN, ist eine wissenschaftliche Methodenlehre (Wissenschaftstheorie), die davon ausgeht, daß die Suche nach einer wie auch gearteten „absoluten Wahrheit" die Wissenschaften ruiniere: der Einheitsidee (es gebe eine Realität hinter der Vielfalt der Erscheinungen) wird die Vielfalt von Konstrukten gegenübergestellt. Vgl. PIETSCHMANN, H.: Die Wahrheit liegt nicht in der Mitte. Von der Öffnung des naturwissenschaftlichen Denkens. – Stuttgart und Wien 1990.

Schema: Konzept zum fächerübergreifenden Unterricht

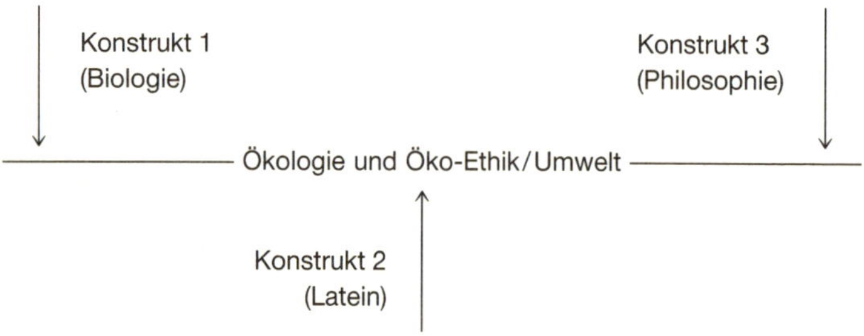

Wenn z. B. das Thema „Umwelt" in den Fächern Griechisch, Latein, Philosophie, Geographie bzw. Biologie thematisiert wird, beschreiben und deuten wir bestimmte Handlungen, lesen Texte und interpretieren diese; wir bilden uns theoretische Konstrukte. Diese theoretischen Konstrukte unterscheiden sich u. a. in ihrer methodischen Stringenz (~ Beweiskraft): während die Behandlung in der Schule aus verständlichen Gründen eine geringere methodische Stringenz aufweisen wird, würde beispielsweise eine wissenschaftliche Abhandlung zu diesem Thema sehr wahrscheinlich eine höhere methodische Stringenz zeigen. Wenn also das Reflexionsausmaß bei der wissenschaftlichen Abhandlung höher zu bewerten sein wird, so heißt das nicht, daß die in der Schule erarbeiteten Konstrukte falsch sind; sie haben lediglich ein geringeres methodisches Niveau. Die entscheidende Schlußfolgerung ist nun folgende: Die Vielfalt der Konstrukte ist für die Individualität ausschlaggebend; die Vielfalt der Konstrukte sensibilisiert den Schüler dafür, Widersprüche zu erkennen; das Erkennen der Widersprüche ist Voraussetzung dafür, die Reflexionsebene zu vertiefen. Dadurch, daß sich die Konstrukte zumindest partiell widersprechen, lernt der Schüler differenzierendes Denken. Der Schüler lernt also, sich mit fremden Anschauungen auseinanderzusetzen. So gesehen erhält das Element des Widerspruchs eine sehr wichtige humane Relevanz: nur im Vergleich

zum Anderen, zum Fremden kann ich meine Individualität bestimmen.[2] Ich verstehe also unter dem fächerübergreifenden Prinzip die Möglichkeit, eine Vielfalt von sich (partiell) widersprechenden Konstrukten (mit verschiedenem Reflexionsniveau und methodischer Stringenz) zu entwickeln, ohne die typische Lehrermentalität anwenden zu müssen: das eine ist falsch, nur das andere (= das meine) ist richtig. Im Gegenteil: Unter Berücksichtigung *dieses* Aspekts ist *dieses* Ergebnis relevant und geeignet, unter Berücksichtigung *jenes* Aspekts ist *jenes* Ergebnis geeignet.
Ich komme auf die Antikerezeption von L. Kohr zurück. Den Ausgangspunkt bildet der *Homo-Mensura-Satz*. Ich beziehe mich hier auf die platonische Auffassung, die besagt, daß jede Erscheinung für das entsprechende Subjekt wahr ist.

Der Mensch ist das Maß aller Dinge, der seienden, daß sie sind, der nichtseienden, daß sie nicht sind. – Wie ein jedes Ding mir scheint, so ist es für mich, wie es dir scheint, so ist es für dich: du bist ein Mensch und ich bin ein Mensch.

Hinter diesem relativistischen Ansatz steckt, wie wohl bei allen antiken erkenntnistheoretischen Konzepten, die unausgesprochene Voraussetzung, daß hinter den vielfältigen durch den Menschen geschaffenen Wirklichkeiten (die Farbe X wirkt auf mich x′, auf dich x″) doch eine objektive Realität angenommen wird, wenngleich der Akzent der Betrachtung von *Protagoras* auf die Perspektive des Menschen verschoben wird.
Kohr aktualisiert den *Homo-Mensura-Satz* in Form eines ökologischen Appells: Sämtliche vom Menschen geschaffenen Einrichtungen sind in bezug auf die für den Menschen optimale Größe zu sehen; der Mensch ist das Kriterium für die optimale Größe, nicht der Staat, nicht die Menschheit. Während in der Antike vor allem die Begrenztheit menschlicher Erkenntnis

2 Humanistische Bildung hat ja u. a. aufgrund der Auseinandersetzung mit Fremdem auch die Bildung zur Toleranz zumindest als vage Zielsetzung im Blickfeld. M. E. ist die oben beschriebene Widerspruchstheorie (die Auseinandersetzung mit dem Fremden als Notwendigkeit für Individualität) das einzige einigermaßen quantifizierbare Lernziel zur „Förderung von Toleranz“.

diskutiert wurde (vgl. *Xenophanes, Seneca*), ist durch KOHR aufgrund veränderter sozialer, politischer und ökologischer Bedingungen der *Homo-Mensura-Satz* zum politisch-ökologischen Appell verdichtet: da der Mensch begrenzt ist (nicht nur in bezug auf das Erkennen von komplexen Systemen, sondern auch in bezug auf sein soziales, politisches und kulturelles Erleben), muß alles vom Menschen Geschaffene in bezug auf die Größe des Menschen und der auf ihn bezogenen Funktion beurteilt werden: so gesehen ist der Mensch ebenfalls das Maß aller Dinge!

Für KOHR bietet die Antikerezeption ein Innovationsreservoir, einen kreativen Anstoß. Der Schüler kann bei einer solchen exemplarischen Betrachtungsweise antike und moderne sozialphilosophische Gedanken im Wechselspiel von Iteration und innovativer Umdeutung nach-denken, z. B. „der Mensch als *animal finale*“.[3]

Abgesehen vom Aspekt der Antikerezeption als Innovationsreservoir wurden in dieser Abhandlung folgende Bereiche beschrieben:

Antikerezeption als Vorbildmodell für eine ganzheitliche Weltsicht

E. SCHRÖDINGER (vgl. Kapitel 7) sieht in der Beschäftigung mit den Vorsokratikern die Möglichkeit, zwischen dem intuitiv-ganzheitlichen Weltbild der Griechen und dem mechanistischen Weltbild der Gegenwart eine Brücke zu schlagen.

---

3 Im übrigen stellt L. KOHR im Hinweisen auf antikes Gedankengut eine Ausnahme dar: aufgrund seiner humanistischen Bildung kennt er die historischen Wurzeln, Ursprünge und Grundlagen europäischen Denkens. Viele moderne Autoren (Philosophen, Naturwissenschaftler) kennen diese Grundlagen nicht, referieren antikes Gedankengut unbewußt (ohne es zu zitieren oder darauf zu verweisen); sie stellen dann ihre Theorien so dar, als seien sie neu und originell, was in den meisten Fällen jedoch nicht der Fall ist (vgl. CAPRA, a.O. 34, 35, 38 etc., der vorsokratisches Gedankengut permanent referiert, ohne darauf zu verweisen). Es ist nach meiner Überzeugung heute auch eine Aufgabe der klassischen Philologie, verborgenes antikes Gedankengut in den verschiedensten Abhandlungen transparent zu machen, eine Aufgabe, die auch in eingeschränktem Maß an Schüler gestellt werden kann.

Antikerezeption als Systematisierungsmodell
R. RIEDL, ein Vertreter der evolutionären Erkenntnistheorie (vgl. Kapitel 8.3), rezipiert vor allem *Aristoteles* in der Absicht, in der Systematik und klaren Gegliedertheit antiken Denkens den eigenen Ansatz zu verdeutlichen. Als Beispiel führt RIEDL wiederholt die Einteilung der Ursachen in vier Formen an: diese Zerlegung sei von didaktischem Wert, vor allem ein Leitfaden zum Denken in Systemen und eine Orientierung für interdisziplinäre Forschungstätigkeit.[4]

Antikerezeption als Kontrastmodell
Der Aspekt des Kontrasts (vgl. die diversen Vergleichstexte) wird vor allem deshalb didaktisch forciert, weil in der optimalen Diskrepanz von Informationen ein Motivationspotential gesehen wird.[5]

---

4 Vgl. RIEDL, R.: Evolution und Erkenntnis. Antworten auf Fragen unserer Zeit. – München 1987, 158.

5 Zur Thematik der Antikerezeption vgl. LAHMER, K.: Antike Philosopheme bei österreichischen Denkern des 20. Jh. Antikereption im Rahmen eines fächerübergreifenden Unterrichts. In: Anregung (1993), 327–338.

10. „Denke komplex – handle einfach“

Physis heißt einerseits menschliche Natur im Gegensatz zum Nomos (von der Gesellschaft gezeugte Konventionen), andererseits heißt Physis das, was den Menschen umgibt, von selber schon da ist, im Gegensatz zu den Werken der Techne. *Physis* wie *Natura* (von *nasci*) sind Begriffe, die eine dynamische (evolutionäre) Komponente beinhalten. *Natura* im antiken Sinn bedurfte nicht einer pleonastischen Umschreibung im Sinne SPINOZAS, der zwischen *natura naturans* (die Natur als lebendige Schönheit und in schöpferischer Tätigkeit) und *natura naturata* (das von der *natura naturans* Hervorgebrachte) differenzierte. *Natura* ist das Hervorbringende, alles von der Natur Hervorgebrachte (so denke ich jetzt einmal weiter) hat konsequenter- und plausiblerweise auch die Fähigkeit des Hervorbringens in sich. Der Gedanke etwas ausführlicher: Der Mensch ahmt im wesentlichen „nur“ das in der Natur Vorhandene nach: lange bevor der Mensch die Injektion erfunden hat, hat die Natur den Giftzahn erfunden; lange bevor der Mensch die Schere erfunden hat, hat die Natur die Krebsschere erfunden.[1] Das ist im wesentlichen der Gedanke von *Aristoteles* reaktiviert: Die Techne ahmt die Natur nach, also auch in den Gegenständen der Techne ist als Zugrundeliegendes das der Natur Zugrundeliegende zu finden.[2]

Viele Analogien zwischen ganzheitlichen Ansätzen heutiger Prägung und den bereits besprochenen Texten werden erkennbar (vgl. *Plinius und Cicero*). In der philosophischen Reflexion der Stoa wurde davon ausgegangen, daß das *secundum naturam vivere* der Schlüssel zur Eudaimonia sei; die gleichen Gesetzmäßigkeiten gelten in der Natur wie beim Menschen. Die Vernunft des Menschen ist verknüpft mit der Vernunft der Natur; lange bevor der Mensch die Schere erfunden hat, hat die

1 Nach BINNIG, a.O. 15.

2 Vgl. *Aristoteles*, Physik II 198b–199b.

Natur die Krebsschere erfunden. Der Mensch kann nur in dem Maß kreativ und erfindungsreich sein, in dem Maß die Natur bereits die Innovationen gegeben hat. Die Leugnung der Abhängigkeit der menschlichen Vernunft von Naturbezügen sei die eigentliche Gefahr für die menschliche Zukunft, meint der Anthropologe G. BÖHME.[3]

Der Gedanke, daß der Mensch ein Teil der Natur ist, könnte durch folgenden Text von U. KATTMANN in variierter Form wiederholt werden:

> Wenn der Mensch ein Teil der Natur ist, so ist der Umgang mit dem Mitmenschen ein Teil des Umgangs mit der Natur. Und der Umgang des Menschen mit der nichtmenschlichen Natur ist immer zugleich ein Umgang mit sich selbst. Wie nämlich der Mensch mit seinen (nichtmenschlichen) Mitgeschöpfen umgeht, so behandelt er nach aller Erfahrung (bald) auch seine Mitmenschen.[4]

Wenngleich die Tendenzen des Menschen, die Natur auszubeuten, auch in der Antike nicht verschwiegen werden, kann antikes Denken hier bei entsprechender Lektüre die heutigen Forderungen einer ganzheitlichen Naturbetrachtung, in der der Mensch die Umwelt als Mitwelt begreifen soll, verdeutlichen: Redundant kommt in den philosophischen Texten das übergeordnete Prinzip der Natur zur Sprache, andererseits die Abhängigkeit des Menschen von der Natur und seine besondere Stellung unter den Lebewesen. *Plinius* spricht von der *magna natura*, die um des Menschen willen alles geschaffen hat; *Cicero* betont wiederholt den Aspekt des *„a natura datur"*, desgleichen *Seneca*.

---

3 Vgl. BÖHME, G.: Für eine ökologische Naturästhetik. – Frankfurt 1989 (= Suhrkamp 1556); derselbe: Natürlich Natur. – Frankfurt 1990 (= Suhrkamp 1680).

4 KATTMANN, U.: Von den ethischen Folgen der Gentechnik. In: Ethik und Biologie (hrsg. von BADE, L.). – Stuttgart 1989 (= Lesetexte Ethik), 87.
Die Thematik kann in Form einer interkulturellen Betrachtungsweise durch die indianische Weltsicht ergänzt werden. Als Einführung könnten verwendet werden: Mutter Erde – Denkanstöße aus dem indianischen Naturverständnis. In: Natur und Mensch (hrsg. von PÖPPERL, M.) a.O. 22–30; SUN BEAR und WABUN WIND: Die Erde liegt in unserer Hand. Eine Vision unseres Planeten. – München 1991; Der Papalagi. Die Reden des Südseehäuptlings Tuiavea. – Zürich 1981.

Mitwelt

Natura

↓

animal, homo

H. Munding[5] stellt eine Affinität zwischen moderner Technik und römischem Imperialismus fest, nämlich den Drang, zu unterwerfen, zu besiegen, Fremdes in seinen Dienst zu stellen, daß sich aber der Wille zum Beherrschen primär auf einen politischen Kontext bezog, also auf das Herrschen über Menschen. In der Denkstruktur ist sicherlich zwischen moderner Technologie und römischem Imperialismusdenken eine starke Ähnlichkeit festzustellen, in der Realisierung sind jedoch Divergenzen erkennbar. Zusammenfassend kann man feststellen, daß in den natur-philosophischen Schriften die Betonung auf der Naturbetrachtung und auf der Vermittlung eines Menschenbildes lag, in dem der Mensch in der Natur als „Mikrokosmos" integriert war.

Mechanistische Denkschemata zum Verhältnis Mensch und Natur sind geprägt von der Trennung Natur – Geist (Mensch). Der Philosoph G. Böhme[6] sieht den Grund für diese Trennung im Selbstverständnis des Menschen als Vernunftwesen; die cartesianische Trennung von *res cogitans* und *res extensa* habe zu jener Distanz des Menschen zur Natur geführt; dadurch sei die Natur zum Objekt degradiert und die schrankenlose Ausbeutung der Natur legitim geworden. Die Trennung von Mensch und Natur drückt sich auch in dem Begriff Umwelt aus; der Mensch differenziert sich von der Natur, von anderen Lebewesen, im technokratischen Sinn müßte man ja von einer *Gegenwelt* sprechen. Das mechanistische Denkschema kann man etwa folgendermaßen darstellen:

5 Vgl. Munding, H.: Antike als Gegenbild. Historische Streiflichter zur Industriekultur aus humanistischer Sicht. – Speyer 1990, 27f.

6 Vgl. Böhme, G., a.O.

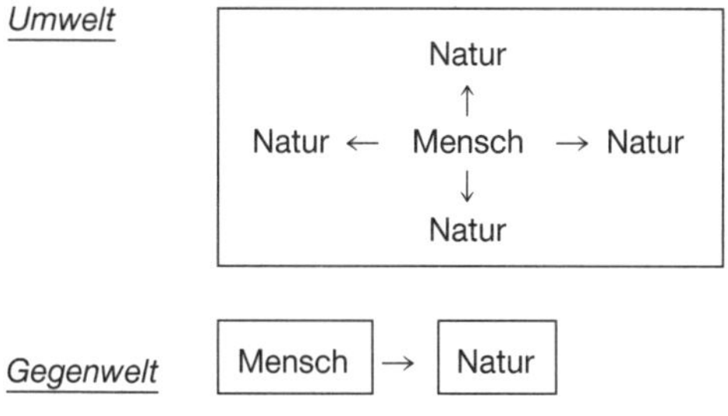

Apologeten eines mechanistischen naturwissenschaftlichen Umganges mit der Natur verteidigen ihren Fortschrittsoptimismus damit, daß gerade die Entwicklung von Technik und Naturwissenschaften den Menschen (im Westen) Wohlstand, höheren Lebensstandard, Arbeitserleichterung, Minderung von Krankheiten, höhere Lebenserwartung etc. gebracht habe. Im Gegensatz zur antiken Zielvorstellung (die Realität sah in vielem ja anders aus[7]) steht nach dem mechanistischen Paradigma die Naturbeherrschung im Vordergrund.

Seit einigen Jahrzehnten werden Stimmen laut, die das oben beschriebene Paradigma kritisch bis negativ beurteilen. Nach BÖHME sei eine Revision des Menschenbildes mit dem autonomen Vernunftbegriff unumgänglich: die Einsicht in die Naturbestimmtheit des Menschen ließe auch die Dimension der eigenen Naturgebundenheit klarer werden; die Naturbeziehung des Menschen werde zugleich als eine Selbstbeziehung deutlich.

Für das Telos des menschlichen Lebens haben die Stoiker die Formel geprägt: *gemäß der Natur leben*, was bedeutet: leben gemäß der Vernunft und gemäß der sozialen Anlage des Menschen. Zu dieser sozialen Anlage gehört, daß der Mensch ein *animal finale* ist, ein Wesen, das durch seinen Zweck Handlungen orientiert; zu dieser sozialen Anlage gehört weiters, daß der Mensch wie jedes Lebewesen begrenzt ist. Diese Begren-

7 Vgl. das Heft AU 3 (1989), 31–63.

zung akzeptieren zu lernen, stellt eine wichtige Funktion für die Lebensbewältigung (ganz allgemein) dar.
Von klassischen Philologen wird zur Verteidigung der Alten Sprachen und ihrer aktuellen gesellschaftlichen Relevanz häufig auf Naturwissenschaftler und ihre positiven Stellungnahmen zur Funktion von Griechisch und Latein verwiesen, im speziellen wird HEISENBERG zitiert: Bereits während der Gymnasialzeit „entstand in mir die Überzeugung, daß man kaum moderne Atomphysik betreiben könne, ohne die griechische Naturphilosophie zu kennen".[8] Ich möchte mit einem Hinweis auf den Nobelpreisträger der Physik (Nobelpreis für Rastertunnelmikroskope) G. BINNIG schließen, der in seinem Buch „Aus dem Nichts" auch kurz seinen Werdegang skizziert. Dabei verweist er auf einen Lateinlehrer, der in verschiedenen freiwilligen Kursen den Schülern Bezüge zwischen antikem und modernem Denken zu vermitteln suchte. Dieser Lehrer versuchte, seinen Schülern die Funktion des porphyrischen Baumes näherzubringen, also das hierarchische System von Ordnungsbegriffen, das in seiner klaren Ordnung der Begriffe die reale Ordnung des Seins demonstrieren sollte.[9] BINNIG stellt zwischen der modernen Theorie der Fraktale (diese Theorie geht von einer Selbstähnlichkeit aus, d. h. im großen wie im kleinen gibt es sich wiederholende Strukturen in variierter Form: man vergleiche die „Apfelmännchen" in der Computergraphik – siehe Abbildung) und dem Porphyrischen Baum folgende Verbindung her:

In diesem Denkmodell, das auf Aristoteles zurückgeht, wird unsere Welt auf einem Baum abgebildet. Ein Baum hat in der Tat eine fraktale Struktur: Der Stamm verzweigt sich in Äste, die dünner sind als der Stamm. Diese Äste verzweigen sich in noch dünnere Äste, die dünner sind als der Stamm. Diese

8 HEISENBERG, W.: Atome und humanistische Bildung, in: Texte zur Antike. Von Platon bis Heisenberg (hrsg. von LEGGEWIE, O. u. a.). – Freiburg 1967, 165.

9 Die folgende Interpretation von BINNIG erhebt keinen Anspruch auf fachwissenschaftliche Relevanz. Für alle, die sich mit dem Porphyrischen Baum intensiver beschäftigen wollen, sei verwiesen auf SPEYER, W.: Zu einem Quellenproblem bei Sidonius Apollinaris. In: Hermes 92 (1964), 226ff.

Äste verzweigen sich in noch dünnere Äste, diese in wiederum noch dünnere Äste und Zweige. Die Strukturen sind einander ähnlich und bauen aufeinander auf. Sie sind selbstähnlich. Man könnte einen kleinen Zweig für einen Baum halten, wenn man keinen Anhaltspunkt für die Skala, d. h. für die Größe dieses Zweiges hat. Dieser porphyrische Baum des Aristoteles sieht wie folgt aus. Der Stamm ist das Sein, das Sein verzweigt sich in Materielles und Nichtmaterielles; das Materielle verzweigt sich in Fühlendes und Nichtfühlendes – das wäre also das Verzweigen in die belebte und unbelebte Natur; die belebte Welt wiederum, also das Fühlende, verzweigt sich in Denkendes und Nichtdenkendes.[10]

Fraktale:
Variierte Wiederholung des Gleichen

10 Nach BINNIG, a.O. 186f.

Nach BINNIG besteht zwischen der Fraktaltheorie und dem porphyrischen Baum eine Ähnlichkeit. Er sagt, daß diese Kenntnis wesentlich zur Entwicklung der Fraktaltheorie beigetragen habe.
Ich referiere die Bemerkungen von BINNIG weniger mit apologetischer Intention, sekundär in der Absicht, allen Lehrern (einschließlich meiner Person) Optimismus in der Richtung zuzusprechen, daß sogar im Computer-Zeitalter kontrastierende und vergleichende Unterrichtsverfahren ihre Wirkung auf Schüler haben können. Primär geht es mir darum, auf die Wichtigkeit komplexer Denkschemata hinzuweisen. „Denke komplex – handle einfach"[11] meint, im Denken möglichst viele Eventualitäten und Folgen berücksichtigen zu lernen, im Handeln sich jedoch auf die Überschaubarkeit von Folgen zu konzentrieren. Ziel sollte es sein, beim Schüler einen Wachstumsprozeß einzuleiten, der auf eine Veränderung von Individuum und Umwelt abzielt. Vergleiche bzw. sich widersprechende Informationen sollen beim Schüler vor allem komplexes Denken fördern. Differenzierendes oder komplexes Denken meint im Gegensatz zum kausalen Denken, daß durch das Erkennen von Gegensätzen und der Auffassung von der Einheit der Gegensätze Einseitigkeiten vermieden werden und angemessene Beschreibungen von Sachverhalten angestrebt werden[12] (vgl. die didaktischen Exkurse). Die methodische Umsetzung des Prinzips vom differenzierenden Denken (das methodische Prinzip der optimalen Diskrepanz) erhält im altsprachlichen Unterricht vor allem dadurch konkrete Relevanz, daß im Gegensatz zu einer freien Assoziationsmethode die Technik der Konzentration geübt wird: ein Unterrichtskonzept, das auf ein sinnvolles Ganzes hin orientiert ist und durch Texte beschränkt wird, engt das uferlose Umherschweifen

---

11 Vgl. TREML, A.: Maximen einer Überlebensethik, in: PÖPPERL, a.O. 69.
12 Vgl. BUROW, O. A./SCHERPP, K.: Lernziel Menschlichkeit. Gestaltpädagogik – eine Chance für Schule und Erziehung. – München 1981, 27.

gedanklicher Willkür ein, läßt jedoch genügend Spielraum dafür, den im Text beschriebenen Sachverhalt zu diskutieren, zu aktualisieren, zu falsifizieren oder aber Betroffenheit zu zeigen.[13] So betrachtet kann die Beschäftigung mit der Antike in der skizzierten exemplarischen Form beim Schüler die Bewußtheit provozieren, daß interkulturelle und intrakulturelle Phänomene, vergangene und gegenwärtige Denkweisen, naturwissenschaftliche und geisteswissenschaftliche Perspektiven in vielfacher Vernetzung korrespondieren, daß komplexe Denkmodelle in der Regel der Realität mehr entsprechen als monokausale Sichtweisen.

Eine diesbezügliche Bewußtseinsstärkung hat eine nicht zu unterschätzende Orientierungsfunktion. Sich orientieren können heißt nicht, die Wahrheit zu kennen; es heißt aber: Sachverhalte und Tatsachen geeignet und zweckmäßig wahrnehmen zu können.

---

13 Als weiterführende Literatur zur Gestaltpädagogik ist geeignet: Petzold, H. G./ Brown, G. I.: Gestaltpädagogik. – München 1977; Perls, F.: Grundlagen der Gestalttherapie. – München 1976.

Bibliographie

Querverbindung und Kreativität

BINNIG, G.: Aus dem Nichts. Über die Kreativität von Natur und Mensch. – München 1989.

BUDDE, A.: Über das Wort Natur. Eine historisch-kritische Studie. In: Vierteljahresschrift für wissenschaftliche Pädagogik 42 (1966) 1, 60ff.

DE HAAN, G.: Natur und Bildung. Perspektiven einer Pädagogik der Zukunft. – Weinheim/Basel 1985.

GERGELY, ST. M.: Die Krise im Bildungswesen. In: Denkanstöße 85. Ein Lesebuch aus Philosophie, Natur- und Humanwissenschaften. – München 1984 (= SP 371), 135ff.

GLÜCKLICH, H. J.: Lateinunterricht. Didaktik und Methodik. – Göttingen 1978.

HÄRING, L.: Gymnasium heute – Analysen und Perspektiven. In: Anregung 1 (1986), 3ff.

KEULEN, H.: Kreativität und altsprachlicher Unterricht. In: AU 1 (1979), 76ff.

LAHMER, K.: Grundlegendes zum fächerübergreifenden Unterricht. In Erziehung und Unterricht 5 (1990), 258ff.

LAHMER, K.: Querverbindung und Kreativität. In: Anregung 4 (1991), 249ff.

Lateinische Literatur, heute wirkend (hrsg. von GLÜCKLICH, H. J.). – Göttingen 1987.

MAIER, F.: Lateinunterricht zwischen Tradition und Fortschritt 2: Zur Theorie des lateinischen Lektüreunterrichts. – Bamberg 1984.

MAIER, F.: Lebendige Vermittlung lateinischer Texte. Neue Lektüre- und Interpretationsanstöße. – Bamberg 1988 (= Auxilia 18).

MAIER, F.: Technologische Herausforderung und Humanistische Bildung. Die Verantwortung des Menschen. – Bamberg 1986.

MAIER, F.: Wie fremd ist uns die Antike? Zur Aktualität der Alten Sprachen. – Bamberg 1991.

MUNDING, H.: Antike Naturphilosophie und moderne Naturwissenschaften. In: Alte Sprachen 2 (hrsg. von MAIER, F./GRUBER, J.). – München 1982, 173ff.

MUNDING, H.: Schüler, Fächer, Phänomene. Zum Problem der Lernmotivation auf der gymnasialen Mittelstufe. In: Mitteilungsblatt des deutschen Altphilologenverbandes 1 (1983), 4ff.

Natur als Gegenwelt. Beiträge zur Kulturgeschichte der Natur (hrsg. von GROSSKLAUS, G./OLDEMEYER, E.). – Karlsruhe 1983.

NICKEL, R.: Vergleichendes Lernen im lateinischen Lektüreunterricht. In: AU 5 (1978), 6ff.

NOICHL, F.: Lernziel Umwelt am Gymnasium. In: Anregung 34 (1988), 3ff.
Ökologische Pädagogik – pädagogische Ökologie. Umwelterziehung und ökologisches Lernen in pädagogischen Krisenfeldern (hrsg. von BECKER, E./ RUPPERT, W.). – Frankfurt 1987.
RIEDL, R.: Evolution und Erkenntnis. Antworten auf Fragen aus unserer Zeit. – München 1987 (= SP 378).
SCHULZ VON THUN, F.: Miteinander reden 2. Stile, Werte und Persönlichkeitsentwicklung. – Reinbeck 1989 (= rororo Sachbuch 8496).
VESTER, F.: Neuland des Denkens. – München 1984 (= dtv 10220).

Idylle und Problematisierung

BRANDHOFER, F. J. u. a.: Lateinische Dichterlektüre I. – Bamberg 1982 (= Auxilia).
BÖHME, G.: Für eine ökologische Naturästhetik. – Frankfurt 1989 (= Suhrkamp 1556).
Geist und Natur. Über den Widerspruch zwischen naturwissenschaftlicher Erkenntnis und philosophischer Welterfahrung (hrsg. von DÜRR, H. P.). – Bern u. a. 1989.
LÖWITH, K.: Natur und Humanität des Menschen. In: Anthropologie als philosophische Reflexion über den Menschen (hrsg. von MÜLLER, A.). – Münster 1985, 180ff.
POPPER, K./LORENZ, K.: Die Zukunft ist offen (hrsg. von KREUZER, F.). – München 1985 (= SP 340).
PRIGOGINE, I./STENGERS, I.: Dialog mit der Natur. Neue Wege naturwissenschaftlichen Denkens. – München 1990 (= SP 1181).

Ausbeutung der Natur

v. ALBRECHT, M.: Interpretationen und Unterrichtsvorschläge zu Ovids Metamorphosen. – Göttingen 1984 (= Consilia 7).
Altsprachlicher Unterricht 3 (1989), 31ff. (mit Textmaterial S. 56ff.).
BÖHME, G.: Natürliche Natur. – Frankfurt 1990 (= Suhrkamp 1680).
ELLER, K. H.: Horaz. Der unbekannte Dichter. – Frankfurt/Main 1989.
FETSCHER, I.: Lebenssinn und Ehrfurcht vor der Natur in der Antike. In: Gymnasium, Beihefte 9 (1988), 32ff.
FRITSCH, B.: Mensch – Welt – Wissen. – Zürich/Stuttgart 1990.
KERSCHENSTEINER, J.: Antike Gedanken zum Kulturfortschritt und seiner

Ambivalenz. In: Werte der Antike (hrsg. von HÖRMANN, F.). – München 1975 (= Klassische Sprachen und Literaturen 9), 26ff.

LORENZ, K.: Die acht Todsünden der zivilisierten Menschheit. – München 1982 (= SP 50).

ROHACEK, M.: Die Bedeutung der antiken Moralphilosophie für die moderne Konsumgesellschaft. In: Ianus 12 (1991), 49ff.

WEBER, K. W.: Smog über Attika. – München 1991 (= Artemis).

Finalität und Kausalität

DALFEN, J./LAHMER, K./SOMMER, G.: Griechische Philosophie. Ursprung und Grundlagen des europäischen Denkens. – Wien/München 1991.

D'ESPAGNAT, B.: Auf der Suche nach dem Wirklichen. – Berlin u. a. 1983.

ERBRICH, P.: Zufall. Eine naturwissenschaftlich-philosophische Untersuchung. Münchener philosophische Studien 2. – Stuttgart 1988.

GEGENSCHATZ, E.: Zufall, Freiheit und Notwendigkeit – ein philosophisch-geschichtlicher Exkurs im Kommentar des Boethius zur Aristotelischen Schrift „de interpretatione". In: Erbe, das nicht veraltet (hrsg. von NEUKAM, P.). – München 1979 (= Dialog Schule Wissenschaft 11), 5ff.

Kausalität. Neue Texte (hrsg. von POSCH, G.). – Stuttgart 1981 (= Reclam 9997).

KLINZ, A.: Lukrezens Atomlehre und die moderne Atomwissenschaft. In: AU 2 (1979), 80ff.

KOSLOWSKI, P./KREUZER, PH./LÖW, R.: Evolution und Freiheit. – Stuttgart 1984.

KOYRE, A.: Von der geschlossenen Welt zu einem unendlichen Universum. – Frankfurt 1980 (= Suhrkamp stw 320).

MÜLLER, H. A.: Naturwissenschaft und Glaube. Namhafte Natur- und Geisteswissenschaftler auf der Suche nach einem neuen Verständnis von Mensch und Technik, Gott und Welt. – Bern/München 1988.

REINHART, G./SCHIROK, E.: Senecas Epistulae morales. Zwei Wege ihrer VERMITTLUNG. – BAMBERG 1988 (= AUXILIA 19).

SCHRAMM, M.: Natur ohne Sinn? Das Ende des teleologischen Weltbildes. – Graz 1985.

SPÄMANN, R./LÖW, R.: Die Frage Wozu?. Geschichte und Wiederentdeckung des teleologischen Denkens. – München 1981.

SPÄMANN, R./LÖW, R.: Teleologie und Interesse. In: Denkanstöße 85. Ein Lesebuch aus Philosophie, Natur- und Humanwissenschaften (hrsg. von BOHNET, H.). – München 1984 (= SP 371), 46ff.

v. STRAATEN, M.: Menschliche Freiheit in der stoischen Philosophie. In: Gymnasium (1977), 504ff.
Teleologie (hrsg. von BUBNER, R. u. a.). – Göttingen 1981 (= Neue Hefte für Philosophie 20).
THEILER, W.: Zur Geschichte der teleologischen Naturbetrachtung bis auf Aristoteles. – Berlin 1925 (2. Aufl. 1965).
WEIZENBAUM, J.: Über Computer, Prognosen und Sprache. In: Das Orwellsche Jahrzehnt und die Zukunft der Wissenschaft (hrsg. von GREIFF, B.). – Wiesbaden 1981, 23ff.

Ganzheitliches Naturdenken

DIELS, H.: Die Fragmente der Vorsokratiker (hrsg. von KRANZ, W.). – Zürich 1972 (= Nachdruck der 6. Aufl. 1951).
MANSFELD, J.: Die Vorsokratiker I und II. Griechisch – Deutsch, – Stuttgart 1983 und 1986 (= Reclam 7965 und 7966).
BAYER, K.: Vorsokratiker im Lateinunterricht? In: Vorschläge und Anregungen (hrsg. von NEUKAM, P.). – München 1980 (= Dialog Schule Wissenschaft 13), 110–159.
CAPRA, F.: Wendezeit. Bausteine für ein neues Weltbild. – Bern u. a. 1982.
v. FRITZ, K.: Grundprobleme der Geschichte der antiken Wissenschaft. – Berlin 1971.
Um die Begriffswelt der Vorsokratiker (hrsg. von GADAMER, H. G.). – Darmstadt 1968 (= WdF 9).
HEISENBERG, W.: Das Naturbild der heutigen Physik. – Hamburg 1955.
HÖLSCHER, U.: Anfängliches Fragen. Studien zur frühen griechischen Philosophie. – Göttingen 1968.
KRAFFT, F.: Geschichte der Naturwissenschaften I: Die Begründung der Wissenschaft von der Natur durch die Griechen. – Freiburg 1971.
NIETZSCHE, F.: Vom Nutzen und Nachteil der Historie für das Leben. – Stuttgart 1988 (= Reclam 7134).
RÖD, W.: Die Philosophie der Antike 1. Von Thales bis Demokrit. – München 1976 (= Geschichte der Philosophie I).
RUSSELL, B.: Philosophie des Abendlandes. Ihr Zusammenhang mit der politischen und der sozialen Entwicklung. – Wien 1975.
SAMBURSKY, S.: Das physikalische Weltbild der Antike. – Zürich 1965.
SCHADEWALDT, W.: Die Anfänge der Philosophie bei den Griechen. Die Vorsokratiker und ihre Voraussetzungen. Tübinger Vorlesungen Band 1. – Frankfurt/Main 1978 (= stw 218).

v. Schirnding, A.: Am Anfang war das Staunen. Über den Ursprung der Philosophie bei den Griechen. – München 1978.

Schrödinger, E.: Die Natur und die Griechen. – Wien/Hamburg 1987.

Unsicheres Wissen

Die evolutionäre Erkenntnistheorie (hrsg. von Riedl, R./Wuketits, F.). – Hamburg/Berlin 1987.

Munding, H.: Antike Naturphilosophie und moderne Naturwissenschaften. In: Alte Sprachen 2 (hrsg. von Maier, F. u.a.). – München 1982, 173ff.

Popper, K.: Logik der Forschung. – Berlin 1969.

Riedl, R.: Evolution und Erkenntnis. Antworten auf Fragen aus unserer Zeit. – München 1987 (= SP 378).

Ökologische Moral

Ethik und Biologie (hrsg. von Bade, L.). – Stuttgart 1989 (= Lesehefte Ethik – Werte und Normen – Philosophie).

Graeser, A.: Die Philosophie der Antike 2 (hrsg. von Röd, W.). – München 1983.

Jonas, H.: Neue Dimension der Verantwortung. In: Pöpperl, M.: Natur und Mensch. – Stuttgart 1989 (= Klett Lesehefte Ethik), 60f.

Jonas, H./Mieth, D.: Was für morgen lebenswichtig ist. Unentdeckte Zukunftswerte. – Freiburg 1983.

Kohr, L.: Die überentwickelten Nationen. – Salzburg 1983.

Natur und Mensch (hrsg. von Pöpperl, M.). – Stuttgart 1989 (= Lesehefte Ethik – Werte und Normen – Philosophie).

Rock, M.: Die Umwelt ist uns anvertraut. – Mainz 1987.

Schmitz, Ph.: Ist die Schöpfung noch zu retten? Umweltkrise und christliche Verantwortung. – Würzburg 1985.

Schönberger, O.: Das Prinzip Verantwortung. Zum Versuch einer Ethik für die technologische Zivilisation von Hans Jonas. In: Anregung 4 (1985), 255ff.

Spaemann, R.: Moralische Grundbegriffe. – München 1982.

Ökologie im Altertum

FEDELI, P.: La natura violata. Ecologia e mondo romano. – Palermo 1990.

HUGHES, J. D.: Ecology in Ancient Civilizations. – University of New Mexico 1975.

SALLARES, R.: The Ecology of the Ancient Greek World. – London 1991.

Integratives Verhältnis Natur – Mensch

BÖHME, G.: Für eine ökologische Naturästhetik. – Frankfurt 1989 (= Suhrkamp 1556).

BÖHME, G.: Natürlich Natur. – Frankfurt 1990 (= Suhrkamp 1680).

Davies, P.: Prinzip Chaos. Menschen und Wissenschaft an der Schwelle eines neuen Weltverständnisses. – München 1988.

HEISENBERG, W.: Atome und humanistische Bildung. In: Texte zur Antike. Von Platon bis Heisenberg (hrsg. von LEGGEWIE, O. u. a.). – Freiburg 1967, 164ff.

MUNDING, H.: Antike als Gegenbild. Historische Streiflichter zur Industriekultur aus humanistischer Sicht. – Speyer 1990.

Natur und Mensch (hrsg. von PÖPPERL, M.). – Stuttgart 1989 (= Lesehefte Ethik – Werte und Normen – Philosophie).

PRIGOGINE, I./STENGERS, I.: Dialog mit der Natur. Neue Wege naturwissenschaftlichen Denkens. – München 1990 (= SP 1181).

Inhaltsverzeichnis